MON CAHIER ANTI-STRESS

SILVIA ANDRÉ

ILLUSTRATIONS INTÉRIEURES : DJOÏNA AMRANI
ILLUSTRATION DE COUVERTURE : ISABELLE MAROGER

SOLAR EDITIONS

SOMMAIRE

Introduction

« Une petite dose de stress, Mademoiselle ? » Vous ne refusez jamais, avouez ! De toute façon, vous vous dites que nous ne pouvons pas y échapper puisque le stress fait partie intégrante de notre vie. L'adrénaline bien dosée peut même nous rendre plus créatifs, efficaces et motivés. *Mais* (il y a un « mais »…) un stress trop fréquent, trop intense et qui dure trop longtemps peut s'avérer particulièrement nocif et altérer notre santé. Notre corps agit sur notre psychisme, et inversement. Il est donc très important de repérer nos stress quotidiens avant que la pandémie se propage… Nous ne sommes pas faits pour vivre des rythmes intenses, c'est une donnée importante. Malgré notre immense capacité d'adaptation, notre organisme a besoin de temps pour récupérer entre les épisodes de stress. La meilleure nouvelle de la journée ? Non seulement vous pouvez apprendre à devenir plus zen, mais en plus, les comportements plus sains peuvent être terriblement addictifs ! C'est agréable, positif et un bon investissement pour l'avenir.

Grâce à *Mon cahier Antistress*, vous allez accéder à un autre état, vous allez changer de voie. En pratiquant les exercices courts et faciles de ce cahier, vous saurez vous relaxer, même dans les situations les plus stressantes, mieux gérer votre temps afin d'être plus zen et vous consacrer davantage aux activités que vous appréciez et aux gens qui comptent pour vous.

Vous trouverez, tout au long du cahier Antistress, un planning d'actions antistress à mettre en pratique au plus vite ! **Laissez-vous aller à d'agréables émotions. Si notre corps est suffisamment intelligent pour guérir spontanément, pourquoi pas notre tête ?**

Chapitre 1 J'identifie mon stress

Aïe ! nos aïeux…

Le XXe siècle a été connu pour être celui de l'anxiété. Les guerres, les crises financières… Malgré les progrès de la médecine et de la société, l'Homme ne cesse d'être stressé. Alors, le stress est-il un produit de notre ère industrialisée ou n'est-il qu'une forme d'inquiétude plus sophistiquée ?
Chères amies, notre réponse au stress a été tracée depuis l'ère préhistorique. Eh oui ! Imaginez un homme de Néandertal dans sa caverne, autour d'un bon feu. Subitement, il voit apparaître sur le mur de sa grotte l'ombre d'un animal féroce. Son corps se met immédiatement en alerte. Pour survivre, l'homme des cavernes répond, soit par la fuite, soit par la lutte. Une partie très complexe de notre cerveau et de notre corps appelé « système nerveux autonome » le prépare à ce *fight or flight*. Notre corps mobilise alors toute son énergie dans le but de s'en sortir : des hormones de stress sont lâchées afin de nous donner toute l'énergie pour faire face et affronter le danger.

Mais voilà, alors qu'aujourd'hui point de mammouth en vue, notre cerveau continue de réagir de la même façon que celui de l'homme des cavernes. Le stress est ainsi une adaptation naturelle de l'organisme face à un événement perçu comme une menace ou une agression. Et la réponse peut être physique et/ou psychologique. Le stress dépend en grande partie de notre évaluation de la situation (est-elle si dangereuse que ça ?) et de notre capacité à l'affronter (ai-je tout ce qu'il faut pour y faire face ?).
La question s'impose alors… Peut-on éviter le stress ? Non ! C'est une composante essentielle de notre vie, il est universel : là où il y a de la vie, il y a du stress. Mais il est possible de remédier au déséquilibre que celui-ci crée au quotidien.

Test : Est-ce que je sais gérer mon stress ?

Il est important à ce stade de faire le point sur notre niveau de stress, car aussi étrange que cela puisse sembler nous n'en sommes pas toujours conscients. Ce petit test vous permettra de savoir si vous êtes un peu, moyennement ou très stressée.

Vous arrive-t-il souvent :

1. De négliger votre alimentation ? ☐ Oui ☐ Non
2. D'essayer de tout faire vous-même ? ☐ Oui ☐ Non
3. De perdre le contrôle facilement ? ☐ Oui ☐ Non
4. De vous fixer des buts irréalistes ? ☐ Oui ☐ Non
5. De ne pas voir l'humour dans des situations qui amusent les autres ? ☐ Oui ☐ Non
6. D'être impolie ? ☐ Oui ☐ Non
7. De faire des « montagnes » pour rien ? ☐ Oui ☐ Non
8. D'attendre que les autres agissent à votre place ? ☐ Oui ☐ Non
9. D'avoir de la difficulté à prendre des décisions ? ☐ Oui ☐ Non
10. De déplorer votre manque d'organisation ? ☐ Oui ☐ Non
11. D'éviter les gens qui ne partagent pas vos idées ? ☐ Oui ☐ Non
12. De tout garder à l'intérieur de vous ? ☐ Oui ☐ Non
13. De négliger l'exercice physique ? ☐ Oui ☐ Non
14. D'entretenir peu de relations capables de vous soutenir ? ☐ Oui ☐ Non
15. De prendre des somnifères ou des tranquillisants sans ordonnance ? ☐ Oui ☐ Non
16. De ne pas vous reposer suffisamment ? ☐ Oui ☐ Non
17. De vous fâcher lorsqu'on vous fait attendre ? ☐ Oui ☐ Non
18. De ne pas vous occuper de vos symptômes de stress ? ☐ Oui ☐ Non
19. De remettre les choses à plus tard ? ☐ Oui ☐ Non
20. De penser qu'il n'y a qu'une seule façon de faire les choses ? ☐ Oui ☐ Non
21. De ne pas trouver de temps pour vous détendre dans une journée ? ☐ Oui ☐ Non
22. De réfléchir beaucoup à l'avenir ? ☐ Oui ☐ Non
23. De courir toute la journée ? ☐ Oui ☐ Non
24. De passer beaucoup de temps à vous plaindre du passé ? ☐ Oui ☐ Non
25. D'être incapable de vous isoler du bruit et de la foule ? ☐ Oui ☐ Non
26. D'avoir des « coups de pompe » plusieurs fois dans la journée ? ☐ Oui ☐ Non
27. De vous réveiller fatiguée, malgré une nuit complète de sommeil ? ☐ Oui ☐ Non

28. De perdre très vite patience ? ☐ Oui ☐ Non

29. D'avoir très souvent mal quelque part ? ☐ Oui ☐ Non

30. De consommer beaucoup de café (ou autre excitant) pour tenir le coup ? ☐ Oui ☐ Non

Résultats

Calculez 1 point pour « oui », 0 point pour « non » : ....

De 1 à 13 points : *Madame Master zen*

Félicitations ! Il semblerait que votre niveau de stress soit parfaitement contrôlé. Vous l'avez compris, c'est à la fois important pour votre santé mentale et physique. Même si vous vous en sortez très bien, mettez en pratique les exercices de ce cahier pour adopter le zen comme un véritable mode de vie : pratiquez la psychologie positive, faites du sport, mangez et dormez zen, organisez votre temps pour vivre en harmonie avec vous-même et profiter à 100 % de la vie !

De 13 à 23 : *Madame Stress en pilotage automatique*

Vous pensez peut-être que tout est sous contrôle. Mais au vu de vos résultats, vous approchez dangereusement de la zone d'alerte ! C'est le bon moment pour vous d'apprendre quelques astuces pour mieux gérer votre stress, afin d'être proactive et d'anticiper avant que la grande vague ne vous submerge. Commencez par identifier vos sources de stress et tentez dès les prochains jours la relaxation et la respiration diaphragmatique. Réservez-vous autant que possible des moments de pause dans la semaine qui suit.

Plus de 23 : *SOS je suis Madame Stressée !*

Pas de doute : vous êtes stressée. Même si vous pensez que le stress est le lot quotidien de toute femme, il serait sans doute important de le maintenir sous contrôle. C'est le bon moment pour consulter un spécialiste du stress, qui évaluera votre état de santé global. Votre score indique également que vous avez besoin d'outils concrets pour atténuer votre stress et procéder à des changements dans votre mode de vie, notamment concernant votre hygiène de vie (voir p. 56).

Quand le niveau de stress devient-il alarmant ?
Vous devez faire attention à plusieurs paramètres : le stress dure-t-il depuis longtemps ? Vous pèse-t-il ? Faites-vous face à plusieurs situations stressantes en même temps ? Le stress est aussi cumulatif !

Que se passe-t-il dans mon corps ? Dans ma tête ?

Qu'est-ce qui provoque du stress ?

La recette universelle qui crée du stress repose sur plusieurs paramètres.

- Le contrôle faible : je stresse si je n'ai aucun contrôle sur la situation qui me stresse.
- L'imprévisibilité : je stresse si la situation est inattendue.
- La nouveauté : je stresse si je vis la situation pour la première fois.
- L'ego menacé : je stresse si la situation me fait douter de mes capacités.

Nous réagissons tous de façon différente lorsque nous sommes confrontés à une situation nouvelle, imprévisible ou incertaine. Les réactions au stress peuvent se classer en 4 grandes catégories : tête, corps, cœur, comportements.

Que faire pour être plus zen ?

Nous pouvons mettre en place 3 stratégies gagnantes.

1. **Reconnaître les signaux envoyés par notre corps :** est-ce qu'en situation de stress mon corps a un certain type de manifestations (ventre noué, mal de dos ou de tête, tremblements…) ?
2. **Identifier les stresseurs qui les provoquent :** est-ce que certaines situations sont plus que d'autres susceptibles de générer du stress en moi ? Quelles sont mes situations « gâchettes » ?
3. **Mettre en place des habitudes de vie saines** de façon à mieux résister au stress (sommeil, alimentation, activité physique…).

Quizz : je fais le tour de mes connaissances

Le stress est un mot-valise dans lequel on met tout et n'importe quoi. Voici quelques postulats sur le stress. À vous de jouer maintenant.

Postulat n° 1 : Le stress est identique pour tout le monde.

☐ Vrai ☐ Faux

Faux. Chacun d'entre nous a un seuil de résistance particulier, ce qui nous fait réagir très différemment en situation de stress. Certains se replient sur eux-mêmes alors que d'autres ont besoin de parler, de ne pas être seuls ; d'autres encore explosent de colère. Identifier quel est notre « bouton rouge » (celui qui déclenche le stress) est un des premiers pas vers une gestion du stress gagnante.

Postulat n° 2 : Le stress peut être une bonne chose.

☐ Vrai ☐ Faux

Vrai. Même si le stress est parfois néfaste, dans certaines circonstances, il peut nous aider à lutter pour survivre en cas de danger. Le stress, à un niveau raisonnable, peut aussi nous motiver. Tout dépend de son intensité, de la durée et de la fréquence à laquelle il survient.

Postulat n° 3 : Le stress est omniprésent… pas le choix de vivre sans lui.

☐ Vrai ☐ Faux

Faux. Il est vrai que de nombreux aspects de la vie moderne sont des facteurs de stress pour beaucoup d'entre nous (la crise économique, les longues heures au travail, les relations interpersonnelles…). Mais le stress n'est pas non plus un boulet que vous devez traîner avec vous toute la vie. C'est là l'enjeu du cahier *Antistress* : quelles stratégies allez-vous mettre en pratique pour gérer efficacement votre stress quotidien ? Un peu de méditation de Pleine Conscience ? Une simplification de votre vie ? Une meilleure gestion de votre temps ?

Postulat n° 4 : Les stratégies antistress les plus populaires sont les meilleures.

☐ Vrai ☐ Faux

Faux. Ce postulat est même dangereux puisqu'il nous pousse à entreprendre des activités qui sont censées calmer notre stress, même si celles-ci ne correspondent pas du tout à notre style de vie ou à notre personnalité. Il n'y a aucun programme de gestion du stress qui soit universel et qui s'adapte à tout le monde. Vous trouverez dans ce cahier des activités qui vous plairont plus que d'autres, et c'est absolument normal. Le meilleur plan de gestion du stress est celui qui s'adapte à vos propres besoins. C'est pour cela qu'au fur et à mesure du cahier vous allez pouvoir noter ce qui vous semble bénéfique pour vous et que vous aurez envie de garder dans votre boîte à outils personnelle.

Postulat n° 5 : Pas de symptômes, pas de stress !

☐ Vrai ☐ Faux

Faux ! L'absence de symptômes ne veut absolument pas dire qu'il n'y a pas de stress. Avec le temps, un stress chronique va épuiser votre corps et votre mental : vous vous sentirez fatiguée, vous perdrez en productivité, vous aurez mal quelque part. Parfois, cela peut prendre des années. D'où l'importance de commencer dès que possible à repérer vos propres réactions et à faire le nécessaire. N'ignorez pas le stress sous prétexte que vous n'êtes pas anéantie par lui.

Postulat n° 6 : Toutes les manifestations du stress sont importantes, qu'elles soient majeures ou mineures.

☐ Vrai ☐ Faux

Vrai. Toutes les manifestations de stress sont importantes et requièrent notre attention. Une petite manifestation peut devenir plus importante si rien n'est fait. Considérez les petits signes (maux de tête répétés, fatigue continue…) comme une alarme.

En somme, la clé pour gérer votre stress tient à un programme personnalisé, en accord avec votre personnalité et votre style de vie, et que vous pourrez intégrer à votre routine quotidienne.

Corps : Les réactions physiologiques

Les réactions du corps sont probablement les plus facilement reconnaissables. Elles nous préparent à combattre ou à fuir. Voici quelques réactions fréquentes ; cochez celles que vous ressentez le plus fréquemment en situation de stress.

Et moi, quelles sont mes réactions physiologiques face au stress ?

- ☐ Le rythme cardiaque et la respiration qui s'accélèrent
- ☐ La pression sanguine qui augmente
- ☐ Les muscles qui se tendent
- ☐ Les maux de tête
- ☐ L'envie d'uriner
- ☐ La transpiration
- ☐ Les maux de ventre
- ☐ Le mal de dos
- ☐ Autre(s)

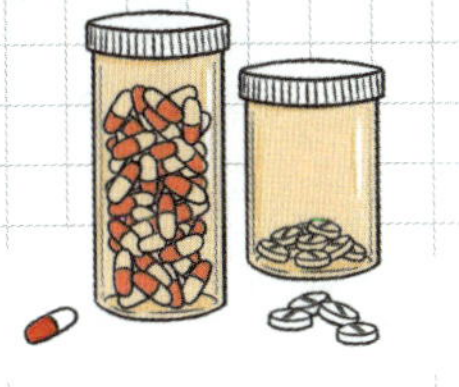

Tête : Les réactions cognitives

Le stress affecte également notre façon de penser, de raisonner. Lorsqu'elles sont confrontées à des obstacles, certaines personnes ont tendance à surestimer les difficultés. Très vite, elles sont submergées par des pensées négatives et imaginent des issues catastrophiques.

Cette porte d'entrée au stress par les pensées peut causer des difficultés de mémoire et de concentration, rendre la prise de décision très difficile, engendrer aussi des ruminations importantes et des insomnies.

Et moi, quel est mon poison ?

- ☐ Difficultés de concentration
- ☐ Erreurs fréquentes
- ☐ Oublis
- ☐ Indécision
- ☐ Pessimisme
- ☐ Ruminations
- ☐ Désorganisation

Coeur : Les réactions émotionnelles

Le stress est à l'origine de nombreuses émotions : la colère, la peur, la culpabilité, l'irritabilité, l'impatience… Celles-ci sont parfois le résultat d'une accumulation de petits tracas, qui finissent par nous envahir et entacher sérieusement notre qualité de vie. Chez certaines personnes, l'effet prolongé du stress peut conduire à des troubles plus sérieux, comme des attaques de panique ou des épisodes dépressifs.

Et moi, quelles émotions sont plus fréquentes quand je suis stressée ?

- ☐ Sensibilité
- ☐ Nervosité accrue
- ☐ Inquiétudes
- ☐ Crises de larmes ou de nerfs
- ☐ Agitation
- ☐ Anxiété
- ☐ Tristesse
- ☐ Faible estime de soi
- ☐ Irritation

Comportements : Les réactions comportementales

Le stress peut nous amener à modifier nos habitudes de vie. Certaines personnes peuvent radicalement changer de comportement ; par exemple, se mettre à grignoter tout et n'importe quoi, alors qu'en temps normal elles sont plutôt raisonnables, ou bien boire un peu plus d'alcool pour se détendre.

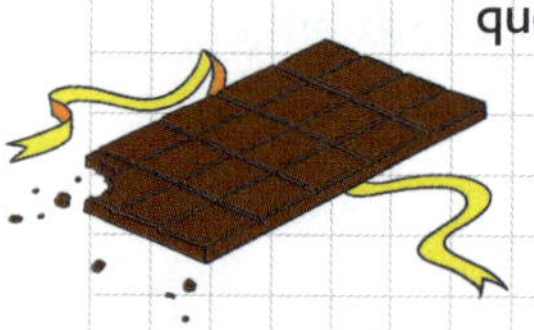

Ces réactions au stress peuvent avoir des conséquences sur la santé. Il existe d'autres façons de se détendre, comme nous le verrons un peu plus loin.

Et moi, qu'est-ce que je fais lorsque je suis stressée ?

- ☐ Grignotage
- ☐ Perte d'appétit
- ☐ Consommation de médicaments
- ☐ Consommation d'alcool
- ☐ Consommation de drogues
- ☐ Consommation de café
- ☐ Consommation de sucreries
- ☐ Consommation de chocolat
- ☐ Consommation de tabac
- ☐ Absentéisme
- ☐ Tendance à l'isolement
- ☐ Comportements agressifs et violents
- ☐ Évitement de certaines situations
- ☐ Abus de télévision/ordinateur/Smartphone

Mais qu'est-ce qui me stresse au juste ?

Les sources de stress ne manquent pas. Tous les jours nous sommes confrontés dans notre quotidien à pas mal « d'agressions » externes : le bruit, la foule, le trafic, les problèmes de transport en commun, les délais à respecter, le petit dernier qui est malade…
Portez votre attention sur les différents agents stressants et, surtout, évaluez quel est votre degré de sensibilité.

Vie pro

La sphère professionnelle est une source de stress évidente. La pression peut être externe (collègues, patron, les tâches à accomplir…) ou découler de notre propre façon de penser, en s'imposant des standards de performance très élevés.

→ Pouvez-vous évaluer votre degré de sensibilité concernant le stress au travail ?

1 2 3 4 5

Grandes occasions

La vie bat son plein, et tant mieux ! Des événements prévus et parfois imprévus nous tombent dessus et bousculent nos vies. Certains sont très agréables, comme un mariage, une naissance, une promotion professionnelle, alors que d'autres le sont beaucoup moins, comme la perte d'un emploi, un divorce, la maladie d'un proche.
Indépendamment de son caractère plus ou moins agréable, tout événement demande que l'on s'y adapte, si l'on veut ensuite pouvoir passer à autre chose.

→ Pouvez-vous évaluer votre degré de sensibilité concernant les derniers grands événements de votre vie ? Par exemple, à quel point avez-vous été stressée lorsque vous avez été promue ou bien lorsque vous êtes devenue maman ?

1 2 3 4 5

> Ne sous-estimez pas le stress d'un événement positif ! La naissance d'un enfant transforme complètement la vie des parents… pouvant entraîner, par moments, des pics de stress !

Le top 10 des situations stressantes

- Mort de son conjoint
- Divorce/séparation conjugale
- Décès d'un proche
- Blessure ou maladie physique
- Mariage
- Perte d'emploi
- Réconciliation conjugale
- Retraite
- Grossesse
- Naissance

Avez-vous vécu, ces derniers mois, une ou plusieurs de ces situations ?

Les autres

Le support social est une variable primordiale de notre bien-être et de notre résistance au stress. Malheureusement, ces mêmes relations peuvent aussi devenir une source de stress importante. Les problèmes avec un proche, un collègue, un ami, sont plus insidieusement stressants qu'il n'y paraît, et il est fréquent d'en ressentir les conséquences à court et moyen terme.

Pouvez-vous évaluer votre degré de sensibilité concernant vos relations interpersonnelles ?

Ne laissez pas les petits tracas s'accumuler et détériorer votre qualité de vie. Maintenant que vous avez une idée un peu plus précise de ce qui vous stresse et de vos réactions, vous allez pouvoir agir !

FAQ

Q : j'ai remarqué que lorsque je m'éloigne de la ville, en général, je suis plus calme, plus sereine. Pourtant, j'aime la vie urbaine, si stimulante… Je ne comprends pas…

R : Il semblerait que les personnes vivant en ville sont plus sujettes au stress pour plusieurs raisons. L'exposition systématique au bruit, à la foule, aux différentes stimulations des sens… activerait davantage l'amygdale (région du cerveau impliquée dans la peur) comparativement aux personnes vivant dans un milieu rural. Choisir un lieu de vie qui nous convient est capital. Pourquoi ne pas couper la poire en deux et choisir une ville de taille moyenne ?

Q : Hommes et femmes réagissent-ils de la même manière au stress ?

R : Le stress change la façon dont les gens se comportent, notamment en situation de conflit. En situation de stress, les femmes optent pour des stratégies de protection et de partage (empathie, imitation et prise de recul) alors que les hommes vont plutôt fuir ou essayer de « combattre ». Les femmes s'en sortent donc mieux que les hommes. Grâce à quoi ? À une hormone impliquée dans les comportements sociaux : l'ocytocine, laquelle est par ailleurs l'hormone de l'amour et du lien.

Je définis mes objectifs antistress

Formuler votre objectif antistress est une étape importante dans votre programme zen. Cela vous permet de savoir ce que vous voulez précisément. Votre objectif doit être réaliste et réalisable. Trop démesuré, il pourrait vous décourager si les résultats attendus tardaient à venir. En plus de cela, vous devez impérativement le déterminer dans le temps, c'est-à-dire établir un planning d'action. Prête pour l'aventure ?

La cartographie de mon stress

À ce stade, vous avez déjà une représentation plus précise de votre stress. Vous pouvez commencer à remplir votre cartographie du stress, ci-dessous.

✖ Suis-je très stressée ? (Appuyez-vous sur les résultats de votre test p. 6.)

✖ Quelles sont les manifestations de mon stress ? Quels problèmes cela occasionne-t-il ?

✖ Qu'est-ce qui me stresse le plus ?

✖ Appuyez-vous sur ce constat pour déterminer votre objectif zen ci-dessous.

Comment je détermine mon objectif ?

Posez-vous les questions suivantes :

- Quel est votre but ?
- Quelles sont vos motivations ?
- Quels sont les moyens dont vous disposez pour atteindre votre objectif ? Par exemple : mon cahier Antistress et le soutien de ma copine Julie.
- Combien de temps vous donnez-vous ? Astuce : pour un planning d'action plus détaillé, complétez les « Rendez-vous de coaching » à chaque chapitre.
- Risque-t-il d'y avoir des obstacles en cours de route ?

De quoi ai-je besoin alors pour atteindre mon objectif ?

D'autodiscipline ! Eh oui, il va falloir compter sur vous et sur votre capacité à vous surprendre pour continuer, encore et encore, malgré la fatigue ou les petits moments de démotivation.

Les 5 ingrédients pour bâtir une autodiscipline d'enfer

- **Se connaître :**

Bien se connaître permet de faire l'impasse sur les difficultés et une baisse de motivation. Lorsqu'on se connaît bien, on sait où l'on va, ce que l'on veut et, surtout, ce que l'on ne veut pas !

- **Être consciente :**

Se discipliner veut aussi dire que l'on prend conscience de ce que l'on fait et de ce que l'on ne fait pas. Dès que vous commencerez à vouloir vous autodiscipliner, vous allez vous rendre compte à quel point vous êtes « indisciplinée ». Cette étape est graduelle mais indispensable à l'éradication des comportements improductifs.

- **S'engager :**

Poser son objectif sur le papier n'est pas suffisant. Vous devez vous engager vis-à-vis de vous-même. Un contrat d'engagement personnel se trouve à la fin du cahier Antistress p. 78. Détachez-le, remplissez-le au fil de votre lecture avec les actions que vous souhaitez mettre en place.

- **Avoir du courage :**

Oui, il en faut. Car les humeurs, les envies, les pensées sont des obstacles importants. Il faut compter sur votre courage et sur la célébration de petites victoires au quotidien. Accepter que se discipliner soit quelque chose de très difficile participe déjà à l'idée que vous êtes courageuse !

- **Un dialogue interne positif :**

Si c'est parfois difficile, parlez-vous, encouragez-vous, rassurez-vous. Vous trouverez à la fin du cahier quelques affirmations positives p. 77, qui vous aideront à maintenir le cap lorsque vous rencontrerez des obstacles sur votre route vers le zen.

Je contourne les obstacles avec brio

Voici une liste d'obstacles qui peuvent vous retarder dans votre chemin vers le zen : la peur du changement, la procrastination, le manque d'organisation, les pensées négatives, les excuses, la plainte… Identifiez tous les obstacles qui peuvent apparaître afin de les anticiper au mieux.

J'écris mon objectif en toutes lettres

Mon objectif est……………………………………………………………………………

……………………………………………………………………………

……………………………………………………………………………

……………………………………………………………………………

Bravo ! À présent, vous êtes prête à vous engager dans une routine zen !

Le rendez-vous de coaching

Félicitations ! Vous arrivez au bout du premier chapitre dans votre chemin vers plus de sérénité. Il est important, à ce stade, et à la fin de chaque chapitre, de prendre un rendez-vous avec vous-même. Ce moment est essentiel pour prendre pleinement conscience de vos choix, de vos actions, de vos besoins, ainsi que des différents obstacles dressés sur le chemin.

Je note mes sensations

Qu'avez-vous compris à la lecture de ce chapitre ? ....
....
Qu'avez-vous ressenti ? ....
....
Quel enseignement en tirez-vous ? ....
....

Je remplis mon tableau

Prenez conscience du chemin déjà parcouru dans la semaine (ou le mois) pour apprécier chacune de vos petites victoires.

- Listez toutes les choses réalisées qui vous ont fait du bien, même celles qui vous semblent mineures.
- Inscrivez pour chacune le degré de plaisir que cette action vous a procuré.

Réfléchissez ensuite à ce vers quoi vous allez diriger votre énergie la semaine suivante (ou le mois suivant)

- Notez ce que vous avez envie d'accomplir qui va vous faire du bien.

Cet exercice est un outil simple et très puissant. Pratiquez-le au moins une fois par semaine pendant un mois.

Mes actions zen	Degré de plaisir (0-10)	Actions à réaliser la semaine prochaine
J'ai cartographié mon stress et je me suis fixé un objectif zen		*J'ai envie de commencer mon programme zen en lisant au moins une page de mon cahier par jour et en faisant les exercices proposés*
....	....	....
....	....	....
....	....	....
....	....	....
....	....	....

Chapitre 2

Ma tool box antistress

Vous avez décidé de passer à l'action contre le stress pour ne plus vous laisser diriger et maltraiter par lui. Il pointe son nez hors du bois ? Un exercice de relaxation, de respiration, de méditation, de visualisation, et hop ! le voilà K.-O.
Pratiquez à votre rythme. Faites en sorte d'expérimenter tous les exercices afin de savoir lesquels vous correspondent le mieux, l'idée étant de faire, quotidiennement, un ou deux exercices zen.

Test : Prête à passer à l'action ?

Cochez la case qui vous correspond le plus, et vous saurez au final si oui ou non vous êtes prête à franchir le pas. Mais pas de pression, surtout !

1. Je fais pas mal de choses pour mieux gérer mon stress.	☐ OK	☐ pas OK
2. Je suis fatiguée d'être stressée en permanence.	☐ OK	☐ pas OK
3. Je cherche des astuces pour me pousser à mieux gérer mon stress.	☐ OK	☐ pas OK
4. J'essaie de trouver un équilibre entre ma vie pro et ma vie perso.	☐ OK	☐ pas OK
5. Je veux changer ma façon de gérer mon stress.	☐ OK	☐ pas OK
6. Je ne suis pas sûre de savoir comment je vais mieux gérer mon stress, mais j'ai remarqué que celui-ci est en train de me compliquer la vie.	☐ OK	☐ pas OK
7. Je veux vraiment apprendre de nouvelles stratégies de gestion du stress.	☐ OK	☐ pas OK
8. Je voudrais apprendre à lâcher prise.	☐ OK	☐ pas OK
9. J'ai le souhait de progresser dans le bon sens pour devenir plus zen.	☐ OK	☐ pas OK
10. Le stress, si j'arrive à mieux le canaliser, peut aussi être une bonne chose pour moi.	☐ OK	☐ pas OK
11. Je veux comprendre ce qui me rend stressée…	☐ OK	☐ pas OK
12. Il y a des jours où je gère mieux que d'autres – je veux apprendre à mieux gérer tout le temps, si possible.	☐ OK	☐ pas OK

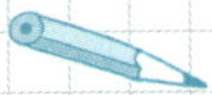

Les résultats

Vous avez plus de 6 OK : *Vous êtes prête à passer à l'action !*

Vous ressentez le besoin d'un bon coup de pouce dans votre quotidien. Vous aspirez à une vie plus satisfaisante et cherchez des astuces qui vous permettront d'être plus zen et sereine. Ce chapitre tombe à point !

Vous avez moins de 6 OK : *Vous avez peut-être peur du changement.*

Jusqu'à présent, vous cohabitiez avec votre stress en vous adaptant à lui… En réalité, vous le subissez ! Êtes-vous sûre que cela soit bon pour vous ? Pratiquez les exercices de ce chapitre : essayer le zen c'est l'adopter !

Je relaxe mon corps

Apprenez les meilleures et plus vieilles techniques zen pour mettre le stress hors circuit en quelques minutes. La première porte d'entrée reste le corps. Bonne détente ! Petit guide de relaxation pour femmes stressées.

La relaxation, qu'est-ce que c'est ?

La relaxation est une activité qui permet de diminuer notre niveau de stress et notre tension musculaire. Vous pouvez aussi bien vous relaxer en recevant un massage, en vous étirant, en visualisant des choses agréables ou en embrassant quelqu'un que vous aimez.

Voici deux exercices que vous pourrez pratiquer aisément en quelques minutes pour un effet relaxant garanti !

Mes exos de relaxation perso

Le compte à rebours

À quoi ça sert ?

Cet exercice vous aidera :

– à vous endormir, si vous le pratiquez au lit ;

– à vous détendre à un autre moment de la journée.

Comment je fais ?

Imaginez que vous êtes dans un ascenseur, au dixième étage. À mesure que l'ascenseur descend, vous vous laissez progressivement et lentement glisser dans un état de calme, de lourdeur, qui vous apporte corporellement de la chaleur et un sentiment de détente.

1. En comptant à partir de 10 – 10, 9, 8 –, vous fermez les yeux. À 7, 6, 5, vos muscles se détendent, la crispation s'élimine, vous commencez à faire le vide en vous.

2 À 4, 3, 2, vous êtes complètement calme et vous sentez le stress s'évacuer, vous relâchez vos tensions.

3 À 1, vous arrivez au rez-de-chaussée, et vous êtes calme, détendue, relax. Les portes de l'ascenseur s'ouvrent et vous pénétrez dans un magnifique jardin. Le soleil vous irradie d'une chaleur et d'une lumière bienfaisantes. Une végétation luxuriante vous entoure. Dans cet espace magique, il n'y a personne d'autre que vous. Vous vous promenez lentement et prenez le temps d'écouter le bruit des feuilles doucement agitées par la brise légère.

4 Lorsque vous serez prête, comptez jusqu'à 3, puis ouvrez les yeux et étirez-vous très doucement.

La détente musculaire progressive

À quoi ça sert ?

Cet exercice permet d'atteindre une détente musculaire profonde grâce à la contraction progressive des différents groupes musculaires, ce qui libère des endorphines. Ces neurotransmetteurs provoquent une sensation de relaxation et de calme dans tout le corps pendant plusieurs heures. Une drogue complètement légale !

Cette technique vous permettra de vous relaxer en quelques minutes, en faisant appel uniquement à votre corps.

Comment je fais ?

Installez-vous bien confortablement, fermez les yeux, et respirez profondément trois fois, par le ventre, calmement. Vous allez détendre chacun des groupes musculaires ci-contre.

1 Inspirez profondément et contractez le groupe musculaire choisi (liste ci-contre).

2 Gardez l'air dans vos poumons pendant environ 5 secondes, puis relâchez les muscles en expirant.

3 Dites-vous, après chaque contraction-décontraction : « détendre, relax, calme ». Laissez votre corps devenir un peu plus engourdi, détendu et chaud. Que vous soyez couchée ou assise, sentez comment peu à peu il lâche prise après chaque contraction.

Prescription
Si possible, pratiquez cette technique une fois par jour.

Les groupes musculaires à contracter dans l'ordre :

- La main, le bras et l'avant-bras droit puis gauche
- Le pied et la jambe droite puis gauche
- Le ventre (en le rentrant)
- Les épaules et le haut du dos (que vous remonterez le plus haut possible en direction des oreilles)
- L'arrière de la tête (en poussant la tête vers l'arrière)
- La bouche (en serrant la mâchoire, en poussant la langue contre les dents…)
- Les yeux et le front (en contractant fortement les paupières et les muscles du front)

1, 2, 3… j'inspire… j'expire

La plupart d'entre nous ne pensent pas beaucoup à la qualité de leur respiration, pas plus qu'aux conséquences qu'elle a sur leur état émotionnel. Pourtant, notre façon de respirer reflète directement l'état de tension dans lequel se trouve notre corps, et peut soit aggraver, soit atténuer notre stress.
Les deux problèmes majeurs de la respiration sont liés d'une part au fait que l'on respire par la poitrine, d'autre part à l'hyperventilation (on respire trop rapidement).

→ La respiration abdominale agit sur notre système nerveux en bloquant les effets néfastes du stress. En effet, elle oxygène notre cerveau et nos cellules, « masse » nos organes et élimine les tensions du corps. Alors, avez-vous prêté attention à cette fonction si vitale et, pourtant, si vite oubliée ?

À vous !

- Quand je suis stressée, je respire ……………………………………………
- Quand je suis calme, ma respiration est plutôt……………………………………
- En général, ma respiration est ………………………………………………

Je respire : état des lieux

Avez-vous observé comment est votre respiration ?
– Est-elle lente ?
– Rapide ?
– Est-elle haute (dans les poumons) ?
– Est-elle profonde (dans le ventre) ?

Respiration abdominale vs thoracique

Sous tension, votre respiration s'accélère-t-elle ? A-t-elle tendance à remonter dans la poitrine ? Si tel est le cas, votre corps génère des symptômes associés au stress et à l'anxiété : des palpitations accélérées, la tête vide, des tremblements ou même des vertiges. En revanche, lorsque vous êtes relaxée, vous respirez certainement plus profondément, plus amplement et aussi plus bas, dans l'abdomen.
Observez la respiration des bébés… elle est abdominale et naturelle. Lorsque nous stressons, notre respiration remonte au niveau du thorax. Apprenez à la faire descendre vers le ventre. L'objectif ? En ralentissant votre respiration, vous pourrez en faire un excellent outil contre le stress !

À quoi ça sert ?

La respiration abdominale a des répercussions intéressantes sur notre corps et peut, à elle seule, promouvoir des états de zénitude :
– elle améliore la connexion corps/esprit ;
– elle permet de libérer les toxines et déchets de notre corps dus au stress ;

– elle améliore la concentration en véhiculant l'oxygène dans le cerveau et les muscles.

Les exercices qui suivent peuvent vous aider à changer vos habitudes et votre façon de respirer.

> **Prescription**
> En pratiquant très souvent les exercices suivants, vous pourrez plus facilement parvenir à vous détendre, et surtout, plus rapidement. Une fois cette habitude bien ancrée, il vous sera plus facile de mobiliser cette technique au moment voulu !

Je me relaxe avec mes exos de respiration

Je respire par le ventre !

1. Notez votre niveau de tension (0 correspond à une absence de tension et 10 à un niveau de stress très important).

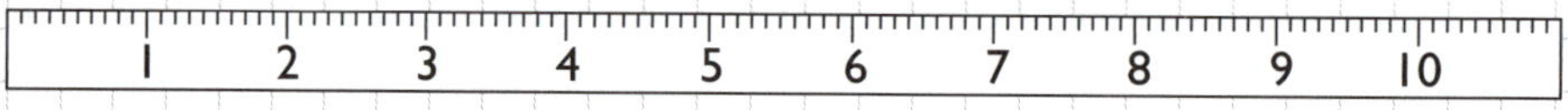

Placez ensuite une main sur votre abdomen, juste en dessous de la cage thoracique.

2. Inspirez doucement et profondément par le nez et sentez l'air entrer dans vos poumons, puis descendre jusqu'à l'abdomen. À ce niveau de l'exercice, votre main a certainement accompagné le mouvement de votre ventre et s'est soulevée.
3. Lorsque vous avez atteint le maximum de votre inspiration, faites une pause de quelques secondes, puis expirez et permettez à votre corps de lâcher toutes les tensions et de se sentir plus lourd, plus chaud, plus engourdi.
4. Si possible, faites 10 respirations abdominales, et essayez de respirer paisiblement, régulièrement, sans trop forcer. Il est important de respecter votre respiration naturelle. Idéalement, chaque expiration devrait être un peu plus longue que l'inspiration.

> **Prescription**
> Pratiquez autant que possible la respiration abdominale (dans les transports, au travail, avant de vous coucher). Essayez de faire cet exercice soit 3 fois par jour pendant 3 minutes, soit 1 minute toutes les heures (par exemple, lorsque vous êtes au travail). Mettez en place un rappel. Cela vous incitera à être régulière ! Vous constaterez très vite les bénéfices de ces moments de pause.

Je pratique la respiration zen

À quoi ça sert ?

Cet exercice est efficace parce qu'il interrompt les manifestations de stress soudaines et vous connecte instantanément au moment présent.

Comment je fais ?

1. Respirez par le ventre, inspirez par le nez et comptez calmement jusqu'à 5.
2. Faites une pause en gardant l'air dans votre ventre et vos poumons et en comptant calmement jusqu'à 5.
3. Expirez doucement, par le nez et la bouche, et comptez encore jusqu'à 5 (ou plus, si vous pouvez). Libérez tout l'air de vos poumons.

❹ Lorsque vous avez expiré complètement, respirez normalement sur deux cycles respiratoires, puis répétez les trois points précédents. Faites cet exercice pendant 5 minutes. Vous ferez ainsi environ 10 cycles de respiration profonde. Si vous sentez que vous avez la tête qui tourne, faites une pause et respirez normalement pendant 30 secondes, puis reprenez votre respiration profonde, sans trop forcer.
❺ Optionnel : à chaque expiration, vous pouvez vous dire « détendre », « calme », « relax », ou d'autres mots qui ont un effet de détente sur vous.

Je relâche mes muscles

À quoi ça sert ?
Cet exercice vous permettra de vous relaxer physiquement grâce à l'attention portée sur votre corps.

Comment je fais ?
❶ Installez-vous dans un endroit confortable, puis inspirez calmement en sentant l'air qui emplit votre ventre.
❷ Une fois que votre ventre est complètement gonflé, inspirez encore de façon à emplir d'air votre cage thoracique.
❸ Gardez cet air dans les poumons et le ventre pendant quelques secondes, sans forcer, puis expirez le plus lentement possible.
❹ En expirant, sentez combien votre corps s'engourdit et devient plus chaud, et laissez aller chaque muscle de votre corps à une détente chaque fois plus profonde.
❺ Fermez les yeux à présent et continuez vos respirations profondes, tout en étant attentive aux sensations de votre corps.

Mes petits massages zen

Se prodiguer un massage est un des plaisirs les plus relaxants qui soit ! L'automassage est accessible immédiatement, il libère la tension physique et peut se pratiquer en quelques minutes. Voici deux automassages express pour un effet détente total. Un plaisir à ne surtout pas bouder !

Ma préparation

3 astuces pour un massage optimal

- Faites votre massage de préférence le matin au réveil, avant la douche, pour dynamiser votre organisme.
- Privilégiez également le soir, avant de vous coucher, pour glisser plus facilement dans les bras de Morphée…
- Utilisez une huile de massage maison !

Je prépare mon huile de massage maison

Utilisez les huiles essentielles suivantes :
– 2 cuillerées à café d'huile essentielle de lavande vraie
– 2 cuillerées à café d'huile essentielle de ravintsara
– 2 cuillerées à café d'huile essentielle de camomille romaine

→ Mélangez toutes les huiles avec 2 cuillerées à soupe d'huile d'amande douce.

Mes massages zen

Je fais un massage détente flash

Pourquoi ce massage ?

Avant une réunion, un rendez-vous important ou entre deux courses, ce massage stimulera la libération d'endorphines dans votre corps en un temps record !

Comment je fais ?

1. Frottez vos mains avec le mélange d'huiles de façon à les chauffer, puis placez-les en creux sur vos yeux fermés pendant environ 1 minute.
2. Mettez-vous ensuite debout et placez une main au niveau de votre plexus solaire et une autre au niveau de la poitrine, puis massez doucement cette zone pendant 3 minutes, en respirant profondément.

Je me détends de la tête au visage

Pourquoi ce massage ?

Parce que beauté et relaxation font bon ménage ! En vous massant le visage, non seulement vous serez plus détendue, mais votre teint vous dira merci.

Comment je fais ?

1. Commencez par vous masser la tête, en déplaçant votre cuir chevelu à l'aide de vos doigts écartés pendant 1 minute.
2. Frottez vos mains avec l'huile de massage, puis posez-les sur vos yeux en appuyant légèrement sur les pommettes.
3. Déplacez vos mains vers l'extérieur de votre visage en tirant légèrement sur les muscles, et gardez cette position (qui lifte le visage) pendant quelques secondes
4. Faites des mouvements doux et relaxants, puis effleurez votre visage avec le bout de vos doigts autant de fois que nécessaire pour atteindre le nirvana.

Je relaxe mon esprit !

Être zen est bien plus que l'idée très répandue de calme et d'imperturbabilité. Être zen c'est avant tout adopter un mode de pensée dont voici les 4 grands principes.

- **Comprendre que tout est illusion…** Lisez le chapitre sur les pensées (p. 33), et vous comprendrez !
- **La quête de l'éveil…** Atteindre un certain niveau de pleine conscience : les exercices de méditation qui suivent pourront vous y aider.
- **La nature de Bouddha est présente en chacun de nous…** Nous sommes tous uniques et spéciaux.
- **Le respect du dharma…** en adoptant une hygiène de vie saine dans le but de se développer personnellement.

Les techniques ancestrales n'ont plus rien à prouver. Récemment, la psychologie en a fait l'objet d'études très sérieuses : celles-ci tendent à montrer que certaines pratiques représentent de véritables remparts contre le stress. Voici quelques exemples qui pourront vous soutenir dans votre nouvelle vie zen : la méditation, le yoga, le mandala, les haïkus.

La méditation de Pleine Conscience

La pratique de la méditation est aujourd'hui très en vogue (et tant mieux !). N'oublions pas qu'elle est pratiquée depuis plus de 5 000 ans ! De nos jours, les scientifiques ont prouvé son efficacité, et ses bénéfices sont innombrables :

- **Elle permet d'orienter notre attention de façon délibérée et au moment voulu, sans juger, sans rien attendre,** sans rejeter ou s'accrocher aux pensées qui vont et viennent dans notre esprit.
- **Elle nous aide à approfondir notre niveau d'attention à ce qui se passe à l'intérieur de nous-mêmes.** Nous pouvons l'introduire à tout instant, aussi stressant soit-il. Pour cela, il faut la pratiquer au quotidien.
- **Elle offre un moyen d'écouter les autres et de se recentrer sur ce qui est vraiment important.** Elle élargit notre champ de conscience et augmente la qualité de notre expérience humaine.

Elle est à la portée de tous puisque nous avons tous un esprit, un corps et une capacité à prêter attention et à vivre moment après moment !

Je médite sur un raisin sec

Comment je fais ?

1 Prenez un raisin sec et placez-le sur la paume de votre main. Sentez son poids et sa densité. Prenez conscience de sa température et regardez-le attentivement, comme si vous n'aviez jamais vu de raisin sec auparavant. Explorez sa forme, ses rugosités, sa texture, ses creux, ses couleurs. Touchez-le entre vos doigts et fermez les yeux.

2 À présent, humez-le. Explorez son arôme en essayant d'être consciente de toutes les sensations qu'il pourrait produire si vous le portiez à la bouche.

3 Placez-le dans votre bouche et, sans le mâcher, observez les sensations que produit ce raisin sur votre langue, sous votre langue… Mordez-le délicatement et commencez à mâcher. Prenez conscience de sa saveur et de la façon dont elle se libère à mesure que vous continuez à mâcher. Soyez à présent consciente de votre envie de l'avaler, puis avalez-le.

À vous !

- Avez-vous l'impression d'avoir remarqué des choses dont vous n'aviez pas conscience avant ?

  ....

- Cet exercice a-t-il été agréable ?

  ....

- Avez-vous la sensation que votre niveau de stress a changé ?

  ....

Je m'exerce à la marche méditative

À quoi ça sert ?

La marche méditative, qui peut être aussi profonde qu'une séance de méditation assise, a l'avantage de mettre un peu de mouvement dans cette pratique. Il s'agit de marcher en étant pleinement présent, tout simplement. L'endroit où l'on va n'est pas important. Celui d'où l'on vient non plus.

Il y a plusieurs types de marches méditatives. L'exercice qui suit est assez informel et simple, car il vous permet d'être plus présente dans votre corps, au moment voulu. L'expérience simple qui consiste à avancer un pied après l'autre engendre bien souvent naturellement un état méditatif.

Prescription

Ce type d'exercice est à faire de préférence à l'extérieur et pendant une durée d'au moins 20 minutes. Mais attention : il ne faut rien faire d'autre que marcher.

Comment je fais ?

Je scanne mon corps

❶ Avant de commencer, passez un peu de temps à scanner votre corps en étant debout. Restez un instant sur les sensations de votre corps. Prenez 3 inspirations profondes ; sentez l'air qui entre dans vos narines et qui pénètre dans vos poumons. Si possible, laissez l'air descendre plus bas, dans le ventre. Focalisez votre attention sur votre respiration un instant, puis laissez-la s'installer paisiblement. Sentez ce qui se passe dans votre corps.

Je marche

❷ Commencez à marcher d'un pas calme, un peu plus lent que d'habitude. En marchant lentement, vous pouvez plus facilement noter les sensations de votre corps. À certains moments, vous serez tentée de regarder ailleurs, dans le paysage. Naturellement et avec bienveillance, vous ramenez votre attention sur votre corps.

Tout votre corps est impliqué dans la marche : alternativement, votre pied droit et le gauche, vos bras et vos hanches, dans un mouvement coordonné.

Je prends conscience de mes sensations

❸ Sentez le contact de vos pieds sur le sol ; le contact de vos pieds dans vos chaussures et le poids de votre corps qui bouge. Sondez entièrement vos pieds, en étant consciente de chaque instant : le moment où un pied se soulève, jusqu'au moment où il touche le sol. Sentez le talon se poser, puis la plante du pied. Essayez de faire comme si vous embrassiez la terre à chaque pas, en étant la plus douce possible avec le sol. Marchez en caressant le sol à chaque pas.

❹ Puis, graduellement, posez votre attention sur les autres parties de votre corps : les chevilles, les genoux, les cuisses, les hanches, la poitrine, le dos, les épaules, les bras, le cou, la tête… tout votre corps.

Astuce

Le plus important pendant la marche méditative est de rester pleinement consciente de votre corps, et de simplement ramener votre esprit vagabond vers vos sensations lorsqu'il aura tendance à s'envoler.

Je me relaxe

❺ Lorsque vous commencez à noter des tensions, tentez de lâcher prise. Permettez à votre corps de se relaxer.

Je crée pour me relaxer

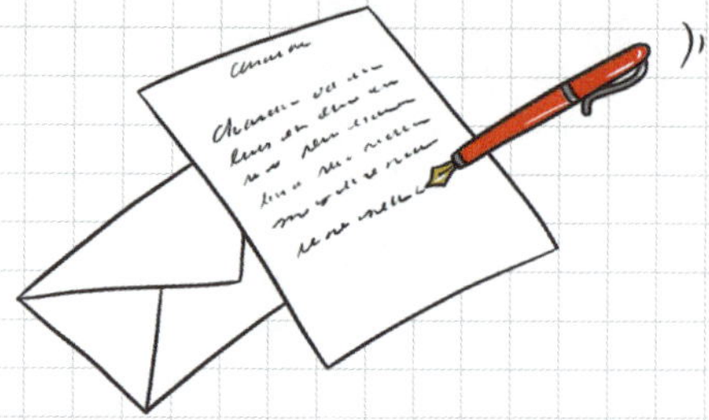

Prendre du temps pour soi, s'épanouir, se détendre, se faire plaisir en créant : voilà un programme séduisant ! Nous sommes tous porteurs d'un savoir-faire, qui, bien orienté, peut faire des miracles ! Dessiner ou colorier un mandala ou même écrire ses propres haïkus… Toutes ces activités ont un effet positif sur le stress, tout simplement parce qu'elles vous aident à faire une pause, à vous recentrer, à préserver des moments de calme et de solitude. C'est dans ces espaces-là que vous enrichirez la liste de vos stratégies zen. Et vous l'avez compris : c'est en trouvant son propre antidote au stress que les choses compliquées de la vie deviennent plus faciles à porter.

Dessine-moi un mandala !

À quoi ça sert ?

Le mot *mandala* vient du sanskrit et veut dire « cercle » ou « centre ». C'est un dessin composé d'un cercle et d'éléments qu'il circonscrit et qui partent tous de son centre. Les mandalas sont souvent utilisés par les bouddhistes pour entrer en méditation, car ils représentent la connexion entre l'humain et le monde.

Il n'est pas rare, lorsqu'on est un peu stressé, voire déprimé, de dessiner des cercles… Serait-ce là une volonté de trouver une solution à un problème ? De focaliser son attention pour s'apaiser ? Ce que l'on constate c'est que les mandalas sont partout : observez les fleurs, les fruits (ouvrez un kiwi en deux et vous verrez un mandala). Si vous vous sentez stressée, tendue ou en colère, dessinez un mandala. Observez ce qui se passe pendant que vous le dessinez. Une idée nouvelle surgit ? Une inspiration ? De la détente ?

Comment je fais ?

1. Prenez une feuille de papier, un crayon de papier et des crayons de couleurs.
2. Dessinez dans un premier temps le cœur du mandala, c'est-à-dire le cercle.
3. À partir de son centre, dessinez les éléments de manière qu'ils irradient comme des pétales, par exemple.
4. Prenez le temps de colorier votre mandala avec soin.

Astuce

Si votre souhait est de vous concentrer, coloriez d'abord l'extérieur, puis rapprochez-vous du centre ; si à l'inverse vous avez besoin de créativité, d'idées nouvelles, coloriez le centre puis allez vers la périphérie.

Un mandala à colorier s'il vous plaît !

Les haïkus, ces trésors de petits poèmes

Les haïkus sont des petits poèmes japonais qui décrivent en quelques mots l'instant présent, comme la photographie instantanée d'un moment vécu par le poète. Ils sont courts et simples, et nous font voyager en un clin d'œil car ils utilisent un langage sensoriel pour capter une émotion ou une image. Ils sont le plus souvent inspirés par un élément de la nature, un moment de grande beauté ou une expérience simple et émouvante.

Je suis une poétesse...

À quoi ça sert ?

La simplicité des haïkus est une excellente compagne des moments de méditation, pour vous connecter à l'instant présent, même dans le bruit.

Idée

Pourquoi ne pas essayer, dans les transports ou bien lorsque vous faites la queue au supermarché, de concocter un haïku ? Il suffit d'avoir un petit carnet glissé dans votre sac, qui recevra volontiers la moindre de vos idées, pour votre plus grand plaisir.

Comment je fais ?

1. Lisez d'abord à haute voix, lentement, en ressentant chacun des mots, le haïku suivant : « Un calme parfait sur un oreiller d'herbe loin de ma cabane. » (Ryôkan[1])
2. Visualisez les yeux fermés… Y a-t-il des arbres autour ? Des fleurs ? Comment est la cabane ? Voyez-vous des papillons ? Des oiseaux ? Des libellules ?

1 *Les 99 haiku de Ryokan*, Verdier, 1990

❸ Écoutez, sentez, touchez.

- Écoutez les sons : à quoi ressemble ce calme parfait ? Y a-t-il des bruits d'insectes, d'abeilles ou de feuilles qui bougent avec la brise ?
- Ressentez-vous l'herbe sous votre visage ? Son odeur ? La terre est-elle ferme ? L'oreiller d'herbe est-il épais ?
- Sentez les parfums du paysage : les fleurs odorantes, l'herbe coupée…

À vous d'écrire votre haïku !

....

....

....

....

Un rêve éveillé : la visualisation pour être zen

Imagine !

Les images sont une façon de donner forme à nos pensées. Ces mêmes images peuvent avoir un impact sur notre comportement et notre bien-être. Vous est-il déjà arrivé en période de stress de vous imaginer en vacances, dans un cadre agréable, entourée de personnes aimantes ? Si c'est le cas, vous pratiquez déjà intentionnellement la visualisation. Le pouvoir de l'imagination est sans aucun doute formidable ! Il peut être un incroyable outil de relaxation.

La visualisation guidée

La visualisation guidée est une façon délibérée d'utiliser le mental pour influencer votre comportement, changer la façon dont vous vous sentez et même votre état physiologique. Vous pouvez autant que vous le souhaitez créer des visualisations ou des impressions mentales qui agiront comme une barrière antistress. Ces exercices de visualisation sont des techniques puissantes car elles favorisent un état d'esprit plus calme en peu de temps.

Astuce

- Lorsque vous commencez une visualisation, tentez de la pratiquer en étant calme pour y adhérer plus facilement : fermez les yeux et imaginez-vous dans un scénario agréable et apaisant.
- La visualisation est en soi relaxante, mais n'hésitez pas à commencer en faisant lentement, par le ventre, au moins 3 respirations lentes et profondes.

Après cette mise en situation, vous serez capable d'imaginer des images plus nettes et précises, dont l'impact sera plus profond.

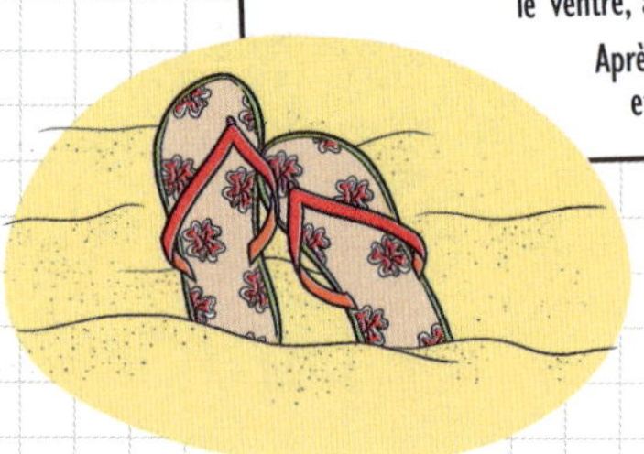

Ma visualisation positive : la plage

Installez-vous confortablement en appuyant votre tête sur une surface agréable ; faites en sorte de ne pas être dérangée. Votre environnement doit être calme, sans distraction. Commencez par faire 3 respirations profondes, puis lâchez peu à peu prise, en prenant conscience de votre corps. Fermez les yeux…

1 Imaginez que vous marchez dans le sable, sur une plage magnifique. Vous enlevez vos chaussures et sentez le contact du sable chaud et doux sous vos pieds… Sentez les petits grains fins se glisser entre vos orteils. À chaque pas, le sable masse et caresse vos pieds et laisse une impression agréable.

2 À mesure que vous approchez de l'océan, vous regardez l'eau et l'horizon. Vous observez les différentes tonalités de bleus… parfois turquoise, parfois bleu marine… Le ciel est limpide…

3 Vous écoutez le bruit des vagues... L'odeur de la mer pénètre dans vos narines. Vous humez, en vous laissant bercer doucement par le bruit de la houle. Vous sentez l'air frais de l'océan dans vos poumons. Votre respiration se cale sur le rythme des vagues qui vont et viennent… vont et viennent.

4 Une odeur de noix de coco plane dans l'air, et vous sentez la chaleur douce et agréable du soleil qui effleure votre visage et vos épaules. Vous savourez ce moment de repos et de paix sur cette plage... Invitez votre corps et votre esprit à savourer cette sensation de détente qui se diffuse dans tout votre corps, des pieds jusqu'à la tête et de la tête aux pieds…

Les idées de visualisation

Après plusieurs séances de visualisation, vous pourrez élargir votre éventail de thèmes. En voici quelques-uns.

Inspirez-vous de…

– une forêt
– un lac
– une montagne
– un jardin fleuri
– un endroit imaginaire
– un lieu visité qui vous a laissé de bons souvenirs
– un lieu que vous aimeriez visiter

Astuce

L'imagination sera votre meilleure alliée dans cet exercice. Vous pouvez créer différents scénarios pour une seule visualisation. N'hésitez pas à en imaginer de complètement féeriques. Soyez sans limites et laissez-vous porter !

Et pourquoi pas du yoga ?

Le mot *yoga* veut dire « union ». Par définition, le yoga cherche donc à unifier le corps et l'esprit. Même si la vision que nous en avons peut parfois se restreindre à une série d'étirements, il faut savoir que cette discipline est une véritable philosophie de vie qui inclut une alimentation particulière, des postures qui amènent une certaine conscience du corps et une méditation profonde. Le yoga peut également augmenter la souplesse et le sentiment de relaxation. Très souvent, ceux qui le pratiquent disent qu'il éveille un sentiment d'énergie et de vitalité tout en permettant au corps et à l'esprit de se calmer.

N'hésitez pas à participer à un cours pour essayer. Un professionnel est utile pour vous guider, corriger votre posture et adapter les techniques pour vous.

Idée n° 1

Et pourquoi ne pas repérer les cours de yoga près de chez vous ou de votre lieu de travail ? Ce serait une excellente idée de pratiquer entre midi et deux, et de revenir travailler en étant zen et détendue… Beaucoup de cours proposent une première séance gratuite. Alors, qu'attendez-vous ?

Idée n° 2

Ou si ce n'est pas possible : beaucoup d'excellentes vidéos existent aujourd'hui sur Internet. Alors, pourquoi s'en priver ?

FAQ

Q : Et comment je saurai que le yoga m'aide à gérer mon stress ?

R : La pratique du yoga augmente la souplesse, tonifie les muscles, relâche la tension et améliore l'humeur. Tous ces bénéfices peuvent avoir un impact extraordinaire sur votre stress, si évidemment vous pratiquez avec régularité. Pour beaucoup de pratiquants, le yoga a aussi un impact sur leur philosophie de vie.

Q : Mais je ne pourrai jamais faire toutes ces poses… Le Poirier sage et compagnie ? Ce n'est pas pour moi…

R : N'abandonnez pas avant même d'avoir commencé ! Tentez de faire quelques poses, du mieux que vous pouvez. Vous ne les ferez pas toutes dès le début, bien sûr, mais continuez, encore et encore, et, surtout, observez votre corps. Comment réagissez-vous à l'inconfort parfois ? Au fil des séances, votre souplesse augmentera, et vous vous améliorerez. N'oubliez pas : la pratique, la pratique, la pratique, voilà le secret !

Les gestes qui relaxent

En période de stress, il est particulièrement important de prendre du temps pour soi, sans culpabiliser. Prenez un jour de congé dans la semaine pour vous ou pour ne rien faire ; fêtez votre demi-anniversaire (on n'y pense pas assez !)…
Débranchez tout et dressez une liste des choses qui vous feraient vraiment plaisir et qui participeraient à votre sentiment de détente. Pourquoi ne pas imaginer cela comme un projet personnel répondant au doux nom de « 52 choses zen à faire en 365 jours » ?
Voici quelques idées pour vous lancer.

Le top 15 des activités relaxantes

1. Prendre un bain moussant
2. Aller au sauna/hammam, se faire masser
3. Se faire un soin du visage, des cheveux
4. Aller au parc (lac, plage, montagne…)
5. Marcher en forêt
6. Manger dans un bon restaurant
7. Danser
8. Regarder un bon film d'humour
9. Flâner dans son magasin préféré
10. Aller à une exposition ou au cinéma
11. Jardiner
12. Dormir à la belle étoile
13. Lire un bon livre ou un magazine
14. Écouter son album préféré
15. Cuisiner un plat spécial

Les 20 petits gestes du quotidien qui relaxent

1. Allumer un bon feu de cheminée
2. Faire un câlin à ses enfants
3. Embrasser son amoureux
4. Regarder le soleil se coucher
5. Offrir son visage au soleil
6. Plonger son visage dans l'eau fraîche
7. Appeler une bonne amie
8. S'acheter un bouquet de fleurs
9. Respirer un parfum agréable (ou l'huile essentielle d'orange amère)
10. Faire brûler de l'encens
11. Se blottir dans son lit
12. S'enrouler dans un peignoir éponge bien doux, chaud et moelleux
13. Caresser son chien, un cheval ou un autre petit animal mignon et doux
14. Écouter les oiseaux chanter, l'eau couler, les feuilles des arbres bruisser
15. Dîner aux chandelles
16. Prendre le petit déjeuner au lit
17. Contempler un beau paysage
18. Faire de la balançoire
19. Manger un carré de chocolat
20. S'offrir une belle robe

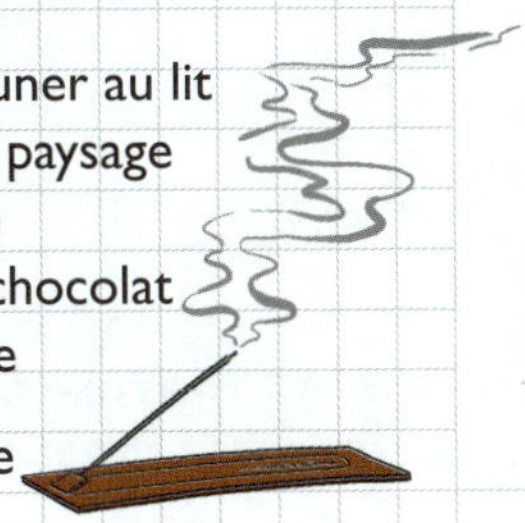

Alors, qu'avez-vous envie de faire dans les prochains jours pour vous faire du bien ?

Mon rendez-vous de coaching

Le chapitre 2 a été consacré à la détente, à la relaxation et à des pratiques ancestrales reconnues pour faire baisser le niveau de stress. À présent, vous avez l'occasion de faire le point sur ce que vous avez pu mettre en place et sur ce que vous avez envie de continuer pour l'avenir.

Je note mes sensations

Qu'avez-vous compris à la lecture de ce chapitre ?

....

Qu'avez-vous ressenti ? ....

Quel enseignement en tirez-vous ? ....

....

....

Quel chemin avez-vous parcouru vers votre objectif zen ?

....

....

....

Je remplis mon tableau

Mes actions zen	Degré de plaisir (0-10)	Actions à réaliser la semaine prochaine

Pensez à les reporter dans le planning zen p. 78 !

Bravo ! En route maintenant vers le chapitre 3. Votre challenge ? Changez votre état d'esprit pour adopter la zen attitude durablement !

Chapitre 3

C'est décidé, je change !

Dans les chapitres précédents, vous avez fait le point sur votre stress et sur les techniques de relaxation qui existent. À présent, engagez-vous vers un mode de pensée zen. Pour cela, vous apprendrez à mieux gérer votre stress cognitif et émotionnel au quotidien. Vous affranchir de votre stress sera l'opportunité de profiter de la vie !

Ça bavarde trop dans ma tête !

Comment stresser en quelques leçons ? Ce que nous pensons affecte fortement notre état de stress. On se raconte des choses, beaucoup trop de choses.
Et cela va influer directement sur nos émotions et nos comportements. Dans une certaine mesure, nous sommes responsables de notre stress car nous accordons trop d'importance à nos pensées et à notre bavardage interne. C'est dur de réaliser cela, n'est-ce pas ? Mais une fois cette première étape franchie, vous allez très certainement vous sentir plus forte !

Cela aurait pu être pire…

À partir de ce moment exact, oubliez le mot *inquiétude*. Nous traiterons plutôt de « pensées automatiques » pour parler des pensées stressantes. Le problème avec les pensées automatiques c'est que :

- Elles sont souvent négatives.
- Elles arrivent sans crier gare, de façon incontrôlée…
- Elles nous influencent sans que nous nous en rendions compte.

La plupart du temps, ces pensées sont « déformées » par notre façon très personnelle (et négative) de voir la vie et le monde.

Avez-vous des pensées déformées ?

Avez-vous déjà reçu un compliment de la part de quelqu'un en pensant très secrètement « il a dit ça pour me faire plaisir », ou encore « si seulement il me connaissait vraiment, il ne dirait pas ça » ? Si vous avez déjà eu ce type de pensée, alors considérez que vous avez des pensées automatiques déformées… Bref, vous faites des suppositions sur les motivations des autres, sans avoir une quelconque preuve de ce que vous avancez. Comment pouvez-vous savoir réellement ce que la personne voulait dire ? Rassurez-vous, cela peut être revu et corrigé !

FAQ

Q : OK, alors si mes pensées sont « distordues » cela veut dire que je suis un peu bizarre ?

R : Non, si les psychologues les appellent « distorsions » c'est pour renforcer le fait que ces inquiétudes ne sont pas basées sur la réalité mais plutôt sur votre propre façon d'interpréter la situation.

Q : Vous dites que ma façon de penser est parfois irréaliste, mais c'est faux : je suis très rationnelle !

R : Oui, il est tout à fait possible que vous soyez réaliste ! Même si vous êtes quelqu'un de pragmatique, n'avez-vous jamais eu de pensées stressantes ? Observez ce qui se passe dans votre mental et considérez la possibilité de faire des petits changements qui pourront faire une grande différence sur votre stress.

L'inférence arbitraire

Qu'est-ce que c'est ? Cela correspond à tirer des conclusions sans preuves. Ces inférences sont souvent des prédictions négatives comme « ça va mal de passer », ce que l'on appelle « l'effet boule de cristal ». Cela correspond aussi aux certitudes sur ce que pensent les autres de nous-mêmes et de nos comportements, tels que « ils me prennent tous pour une incapable », par exemple. Seriez-vous télépathe, par hasard ?

Qu'est-ce que je fais ? Je traque mes prédictions négatives ! Lorsqu'une situation vous stresse, posez-vous les questions suivantes :

1. Quels sont les éléments qui me prouvent ce que je me dis ? Existent-ils des éléments contre mon hypothèse ?

....

2. Est-ce que je ne suis pas en train de lire dans ma boule de cristal ? Est-ce que je ne suis pas un peu trop télépathe ?

....

La minimisation et la maximisation

Qu'est-ce que c'est ? Cela correspond à des erreurs d'évaluation sur soi ou les autres. En cas de grand stress, il est fréquent de minimiser ses succès et de maximiser ses échecs.

Par exemple : « Si j'ai réussi cet examen c'est que j'ai eu de la chance ou que c'était trop facile. » Pour la maximisation : « Si je ne l'ai pas réussi, c'est bien la preuve que je suis vraiment nulle… »

Qu'est-ce que je fais ? J'inverse les propositions et je les transforme de façon réaliste.

Par exemple : « J'ai réussi mon examen, j'ai beaucoup travaillé, je suis satisfaite ! »

N'avez-vous pas toujours tendance à relever ce qui ne va pas et à ignorer vos réussites ?

....

Les échecs
Réussir est très agréable mais cela enseigne peu. L'apprentissage et le succès se construisent sur la base de tentatives, d'erreurs... Échouer est donc une étape indispensable sur la route vers le succès !

La surgénéralisation

Qu'est-ce que c'est ? Cela consiste à tirer des conclusions générales à partir d'un fait particulier.

Par exemple : « Si un chien m'a mordu, cela veut dire que tous les chiens sont méchants. »

Qu'est-ce que je fais ? Je traque la surgénéralisation en moi.

Lorsque vous stressez, posez-vous les questions suivantes :

1. Quel est le problème ?

....

2. Quelles sont précisément les conséquences ?

....

3. Est-ce que ce que je me dis est une impression ou un fait ?

....

La personnalisation

Qu'est-ce que c'est ? C'est tout prendre pour soi et se sentir responsable de tout.

Par exemple : « Si mon enfant ramène une mauvaise note, cela veut dire que je suis une mauvaise mère. »

Qu'est-ce que je fais ? Je réattribue les responsabilités et les devoirs à chacun de manière réaliste.

Pour cela, posez-vous les questions suivantes lorsque vous êtes en situation de stress :

1. Suis-je l'unique responsable de cette situation ?

....

2. Ai-je souvent tendance à prendre trop de choses à ma charge ?

....

3. Est-ce réellement utile pour les autres que je fasse les choses à leur place ?

....

Le tout ou rien

Qu'est-ce que c'est ? Le tout ou rien est la tendance à catégoriser les situations à l'extrême : bon/mauvais, blanc/noir, sans aucune nuance. Ce mode de pensée extrémiste est à la base du perfectionnisme et peut amener les personnes à craindre toute erreur, ce qui peut les mener à avoir une mauvaise estime de soi, voire parfois à tomber dans ce que l'on appelle « la procrastination » : la tendance à repousser ce que l'on a à faire. Car dans la tête d'un perfectionniste, pourquoi faire s'il n'a pas la certitude de le faire parfaitement ?

→ **Qu'est-ce que je fais ?** Je traque mes réactions extrêmes. Avec un peu d'entraînement, il est possible de comprendre pourquoi ce type de raisonnement provoque du stress. Posez-vous la question du coût d'un tel comportement dans votre vie et soyez plus souple, plus indulgente envers vous-même.

Je mesure mon bavardage mental

Maintenant que vous savez repérer vos pensées déformées, remplissez ce tableau. Il vous permettra :

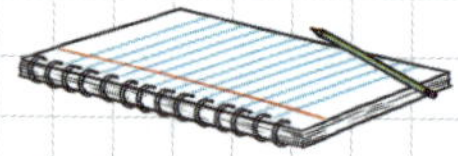

- d'identifier quels stresseurs provoquent vos pensées automatiques ;
- de prendre la mesure de votre bavardage mental et de son effet nocif ;
- de vous renseigner sur vos émotions et vos comportements en situation de stress ;
- de déduire la solution à y apporter.

Pendant une semaine, notez votre bavardage mental : vous détenez désormais toutes les clés pour le combattre !

	Situation	Pensées automatiques	Émotions	Comportements	Analyse
	Mon patron demande à me voir dans son bureau dans 10 minutes	*« J'ai dû faire quelque chose de grave » « Je vais être virée »*	*Peur, tristesse, honte*	*Je me replie sur moi, je me mure dans le silence*	*C'est de l'inférence arbitraire. Voir solution p. 34.*
Lundi					
Mardi					
Mercredi					
Jeudi					
Vendredi					
Samedi					
Dimanche					

« Éteindre le feu en laissant l'eau qui bout déborder »

Maintenant que nous savons que nous interprétons parfois la réalité de façon erronée, je vous propose d'aller encore un peu plus loin. Les études montrent que 85 % de nos pensées ne sont pas intentionnelles. Ce sont des mots qui vont et viennent, voilà tout… Difficile à croire, mais si vous regardez de plus près, combien de fois vous êtes-vous baladée de pensée en pensée, sans réelle intention et en étant incapable d'arrêter ce flot incessant ? Combien de fois vous êtes-vous sentie mal après cela ? Au départ, vous pensiez à vos prochaines vacances et vous avez fini par imaginer l'accident qui pourrait survenir…

Alors, imaginez maintenant que je vous demande de ne pas penser à un ours blanc. N'y pensez pas. Non, n'y pensez pas, voyons ! Eh oui, nous ne pouvons pas nous arrêter de penser. Mais nous pouvons arrêter de broyer du noir en… ruminant volontairement !

Je rumine volontairement

Pendant environ deux semaines, je vous propose, à heure fixe, de ruminer volontairement. Eh oui ! Puisque ne pas vouloir ruminer provoque de la souffrance et encore plus de pensées intrusives, alors essayez de faire l'inverse. Soyez curieuse ! Essayez soit en ruminant vos pensées, soit en écrivant tous les jours un peu de vos peurs, vos soucis, vos ruminations.

Je décide de ruminer volontairement à… heures.

Avez-vous remarqué ? Lorsqu'on laisse aller et venir les pensées, sans les juger, sans les retenir, elles ne restent pas ! Elles se diluent tranquillement.

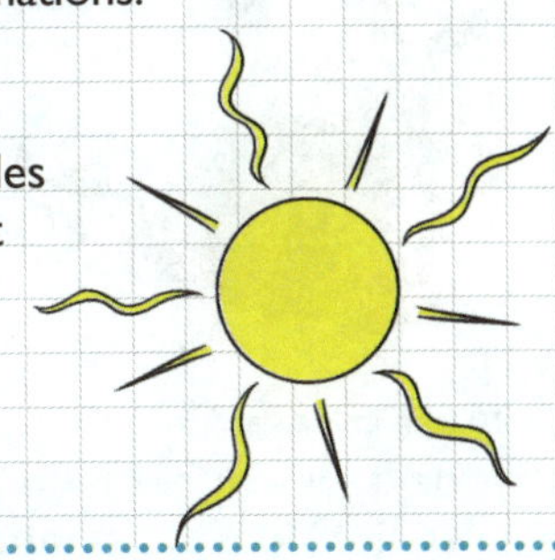

Vos pensées sont comme des nuages. Ce n'est pas parce qu'il fait mauvais temps que vous ne sortez pas de chez vous. N'acceptez pas que vos pensées vous empêchent d'être sereine.

FAQ

Q : Et si je me laisse aller à mes pensées, je cours le risque de déprimer, non ?

R : Ruminer volontairement est souvent un exercice redouté. Ressasser ses pensées, voire penser le pire, nous fait comprendre que nos pensées sont inoffensives. Le but étant de vous lasser de vos scénarios négatifs.

Je m'expose pas à pas au stress

Évitez d'éviter !

La meilleure façon de dépasser son stress et ses peurs c'est de les affronter. Comme disait Eleanore Roosvelt : « Vous gagnez en force, courage et confiance chaque fois que vous prenez le temps de regarder la peur dans les yeux. Faites ce que vous pensez ne pas pouvoir faire. »

La désensibilisation vous permet, tout comme cela est le cas dans le traitement des allergies, de vous exposer à des situations stressantes, dans le calme et dans de bonnes conditions (l'allergène étant la situation stressante).

Vous pouvez pratiquer la désensibilisation de deux façons : soit en imagination, soit en réalité.

La désensibilisation en réalité

Une fois que la relaxation et la respiration feront partie de votre quotidien, vous pourrez vous concocter un programme d'exposition aux situations stressantes sur mesure.

Pour cela, vous avez besoin dans un premier temps de créer une liste de problèmes déclencheurs de stress. Vous les affronterez pas à pas, pour vous rapprocher progressivement de la situation la plus redoutée. Je vous propose de hiérarchiser votre peur en 8 étapes minimum. Parfois, il est difficile d'aller d'une étape à une autre. Si c'est le cas, alors vous pouvez créer une étape intermédiaire qui servira de pont vers la suivante.

À quoi ça sert ?

L'art de la désensibilisation consiste à affronter des situations stressantes en étant calme et en utilisant l'énergie de la peur pour être dans l'action.

Astuce n° 1 : Avant de vous exposer, pensez à faire une séance de relaxation et à bien respirer pour être suffisamment calme.
Astuce n° 2 : N'hésitez pas à vous faire aider et soutenir par quelqu'un en qui vous avez confiance pour aller de l'avant.

Comment je fais ?

Créez votre programme de désensibilisation.

Par exemple : Imaginez que vous avez peur de prendre l'ascenseur. Voici comment vous désensibiliser progressivement.

1. Regardez des ascenseurs monter et descendre (en vidéo).
2. Restez à côté d'un ascenseur avec une personne de confiance à vos côtés.

3. Restez à côté d'un ascenseur avec une personne de confiance, puis seule.
4. Montez un étage avec une personne de confiance.
5. Montez un étage seule, avec une personne de confiance qui vous attend à la sortie de l'ascenseur.
6. Montez deux ou trois étages avec une personne de confiance.
7. Montez deux ou trois étages seule, avec une personne de confiance qui vous attend à la sortie de l'ascenseur.
8. Augmentez le nombre d'étages, dans un premier temps avec une personne de confiance, puis seule.
9. Prenez l'ascenseur seule, sans la présence d'une personne de confiance à vos côtés.

La désensibilisation en imagination
Dans ce cas, le principe est le même, mais plutôt que d'affronter la situation en réalité, vous fermez les yeux et imaginez, sous relaxation, les différentes étapes en commençant par la plus facile. Vous ne passerez à la suivante que si votre état de calme perdure.

À moi !

Ma situation stressante est ....

Je me désensibilise en 8 étapes.

1. ....
2. ....
3. ....
4. ....
5. ....
6. ....
7. ....
8. ....

Stop aux inquiétudes !
Qu'est-ce que l'anticipation anxieuse ? Vous avez très probablement remarqué que lorsqu'on est stressé c'est bien souvent à cause d'une anticipation anxieuse ou encore à cause de ruminations du passé. Soit je cherche à me préparer au pire (« et si l'ascenseur restait bloqué ? »), soit je repense à des situations du passé qui m'ont marquée au fer rouge et dont j'ai du mal à me défaire ? J'ai l'impression qu'elles vont fatalement se reproduire (« l'entretien de l'année dernière a été catastrophique… j'ai si peur pour celui de cette année… »). Ce sont ces deux habitudes qui ont tendance à nous maintenir dans un stress continu.

Astuce : Vous reconnaîtrez une anticipation anxieuse lorsque « Et si… » débute votre pensée.

Je définis mes valeurs pour être plus zen !

Les valeurs sont définies comme des directions de vie globales, désirées et librement choisies. C'est ce que nous voulons faire de notre vie : qui nous voulons être et ce que nous voulons accomplir. Elles peuvent nous guider et nous motiver tout au long de notre existence.

C'est quoi une valeur ?

Une valeur est un principe personnel. Parmi les valeurs les plus connues, on retrouve l'amitié, l'autonomie, la sécurité, l'hédonisme, la famille, la tradition… Les valeurs restent stables dans le temps. Ce sont comme des fils d'Ariane en période de tempête émotionnelle.
Les études sur le sujet sont unanimes : réfléchir à ses valeurs modifie notre niveau de stress aussi bien physique que psychologique, et favorise un changement positif.

Comment ça marche ?

Les valeurs sont vectrices de zen. Elles sont positives et nous apportent du bien-être. Par exemple : lorsque nous sommes stressées, prendre un verre avec une copine nous apportera un moment de repos et de réconfort. En nous recentrant sur notre valeur d'amitié, nous éloignons le stress et nous nous faisons du bien. À l'inverse, lorsque nous nous éloignons de nos valeurs, nous pouvons perdre beaucoup de temps à lutter contre le stress, plutôt que de se concentrer sur ce qui compte vraiment pour nous. Posez-vous la question suivante : est-ce qu'avoir stressé et lutté contre vos émotions a porté ses fruits ? La lutte contre la vie, la réalité, les difficultés ne vous a-t-elle pas éloignée de vos envies profondes ? Ne vous a-t-elle pas volé du temps, de l'énergie ?

FAQ

Q : OK, c'est important de réfléchir à ses valeurs, mais n'est-ce pas un peu trop philosophique ?

R : Réfléchir à ses valeurs est une démarche très importante pour être plus zen, bien plus qu'on ne le croit. Et c'est très concret ! Si nous souhaitons apprendre à gérer le stress, il est indispensable de savoir ce qui est important pour nous et vers quoi nous souhaitons réorienter notre énergie, quel mode de vie nous souhaitons adopter.
Par ailleurs, le stress n'est parfois pas la cause d'une inadéquation entre nos valeurs et nos actions mais sa conséquence. Aussi, renforçons nos valeurs dans les actions du quotidien, et notre vie deviendra plus riche et plus satisfaisante : deux ingrédients pour plus de bonheur.

Quelles sont vos valeurs ?

En votre for intérieur, dans quelle direction aimeriez-vous progresser ? Quel genre de personne souhaitez-vous être ?
Pour faire le point, complétez l'exercice suivant.

La boussole de vie : les valeurs qui me guident

1. Selon l'importance que vous accordez à chacun, placez aux 4 points cardinaux de la boussole les domaines suivants : parents, loisirs, travail, relations sociales.
2. Sur les lignes correspondantes, écrivez quelques-unes de vos valeurs clés dans ces domaines de vie : Quelle personne voudriez-vous être ? Que voudriez-vous faire ? Quel type de forces ou de qualités voudriez-vous développer ? Que voudriez-vous représenter ?

Domaine : ....
Valeur n° 1 ....
Valeur n° 2............................
Valeur n° 3............................

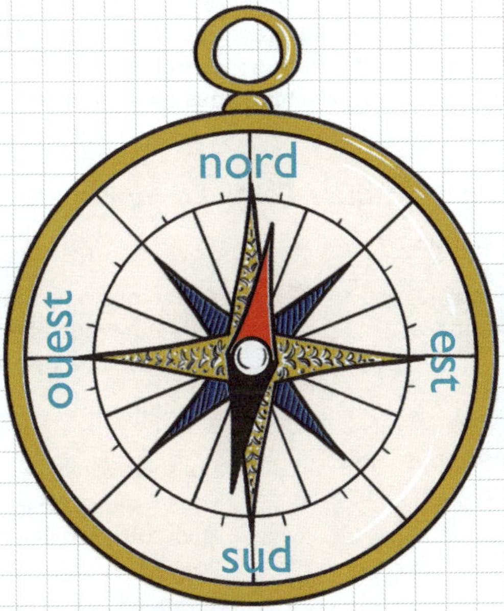

Domaine : ....
Valeur n° 1 ....
Valeur n° 2............................
Valeur n° 3............................

Domaine : ....
Valeur n° 1 ....
Valeur n° 2............................
Valeur n° 3............................

Domaine : ....
Valeur n° 1 ....
Valeur n° 2............................
Valeur n° 3............................

Après cet exercice, vous avez une meilleure vue d'ensemble de vos valeurs.

Qu'est-ce que cela vous dit à propos de ce qui est important dans votre vie ?

....

Pourtant ne le négligez-vous pas habituellement ?

....

L'autocompassion : mon rempart antistress

OK, vous n'avez peut-être pas pu agir toujours selon vos valeurs. Vous le regrettez parfois, et cela peut vous causer du stress.

J'apprends à être indulgente avec moi-même

L'autocompassion est la volonté de regarder ses erreurs et fautes avec indulgence et compréhension. C'est accepter que l'erreur soit humaine. L'autocompassion, loin de prôner la passivité, pousse à agir pour améliorer la situation, en évitant la couche de reproches qui suivent en général nos échecs et nos erreurs. Elle nous détourne du stress car elle nous éloigne de ce désir irréaliste de perfection qui génère tant de frustrations et de souffrances. Notre société étant très compétitive, il est difficile de laisser un peu de marge à cette compassion qui pourrait, pourtant, nous épargner tant de stress !

Test : Est-ce que je sais pratiquer l'autocompassion ?

Posez-vous les questions suivantes :

1. Avez-vous l'habitude de vous juger (apparence, carrière, relations…) ?
   ☐ Oui ☐ Non
2. Utilisez-vous un langage dépréciatif envers vous-même lorsque vous faites des erreurs (insultes, mimiques, mépris, haine, colère…) ?
   ☐ Oui ☐ Non
3. Lorsque vous remarquez une chose que vous n'aimez pas en vous, avez-vous tendance à vous couper des autres ?
   ☐ Oui ☐ Non
4. Vous sentez-vous plus découragée et déprimée à force d'être dure avec vous-même (au lieu d'être encourageante pour vous motiver) ?
   ☐ Oui ☐ Non

5. Avez-vous peur de vous accepter telle que vous êtes (au lieu de vous offrir du réconfort, de l'espoir) ?
   ☐ Oui ☐ Non
6. Lorsque vous vous mesurez à des défis, vous maltraitez-vous jusqu'à décrocher la victoire (au lieu de prendre soin de vous et de vous réconforter) ?
   ☐ Oui ☐ Non
7. Avez-vous tendance à croire que les autres s'en sortent mieux que vous (au lieu de prendre conscience que tous les êtres humains ont des difficultés) ?
   ☐ Oui ☐ Non
8. Avez-vous tendance à juger vos émotions ou vos pensées comme étant mauvaises ou bizarres ?
   ☐ Oui ☐ Non

Résultats

Vous avez répondu *« non » à toutes les questions* : Bravo ! Vous construisez un dialogue positif avec vous-même. Vous vous valorisez, vous vous encouragez, et cela vous permet d'être plus bienveillante et de vivre autrement les moments positifs comme négatifs. Continuez à pratiquer l'autocompassion, cela vous aidera dans votre parcours zen.

Vous avez répondu *« oui » à au moins une question* : Vous avez parfois des mots durs envers vous-même, vous vous reprochez vos erreurs et vos échecs avec beaucoup de fermeté. En avez-vous pris conscience pendant ce test ? Voyez-vous comme cela vous nuit ? Réconfortez-vous : une autre voie existe. Celle de l'autocompassion. Il est possible, grâce à elle, d'attendrir notre cœur et d'ouvrir la porte à un bien-être durable. Pratiquez l'exercice suivant jusqu'à l'overdose !

Mon exercice d'autocompassion

Pensez à un ami imaginaire, inconditionnellement aimant, doux, tendre, compatissant et tolérant. Il peut lire en vous comme dans un livre ouvert, il voit toutes vos forces et toutes vos faiblesses. Dans sa grande sagesse, cet ami comprend votre histoire et les millions de choses qui se sont passées dans votre vie pour créer l'être que vous êtes aujourd'hui. Il reconnaît les limites de la nature humaine, et est tendre vis-à-vis de vous.

1. **Réfléchissez à ce que cet ami peut ressentir pour vous,** et à quel point vous êtes acceptée et aimée pour ce que vous êtes, telle que vous êtes, avec toutes vos petites imperfections d'être humain.

2. **À présent, écrivez-vous une lettre en vous mettant dans la peau de cet ami,** en vous centrant sur votre intransigeance envers vous-même. Que dirait cet ami de vous, avec sa capacité illimitée à ressentir de la compassion ? Que penserait-il du traitement que vous vous infligez parfois ?

Je m'aime donc je suis… sereine !

L'estime de soi se cultive chaque jour. Elle permet de rebondir en situation de stress et d'aller chercher de la motivation pour faire face à des situations parfois bien compliquées.

L'estime de soi c'est un peu notre baromètre d'amour-propre. Il n'est pas si important qu'il soit toujours au top, mais plutôt au-dessus de la moyenne et stable. Voici quelques pistes pour développer une belle histoire d'amitié avec soi-même.

Reconnaissez vos qualités

Prenez quelques instants pour réfléchir à vos qualités. Dressez une petite liste de vos qualités et pensez à toutes ces personnes qui vous aiment ou à tous les compliments qui vous ont été adressés.

Appréciez vos succès

Prenez un moment pour penser à tous les événements qui vous ont amenée jusqu'à aujourd'hui. Reconnaissez les réussites qui vous ont portée et qui vous donnent envie de progresser.

Allez dans « l'arène »

Chaque fois que vous êtes confrontée à une peur, descendez dans l'arène pour l'affronter (p. 38). En bravant votre peur, en plongeant dans votre vulnérabilité, vous toucherez de plus près votre courage et gagnerez en confiance.

Récompensez-vous

Remerciez-vous d'avoir atteint un objectif. Tout effort mérite une récompense. Un agréable moment passé au soleil, un bain chaud, une coupe de champagne, un bon livre… Honorez-vous !

Demandez

Et vous obtiendrez. Et si vous essuyez un refus c'est une marque de respect de l'autre, qui reconnaît votre capacité à entendre les choses. Cela crée une plus grande fluidité dans les relations.

Apprenez à dire non

Car c'est vous dire oui, à vous ! Lorsque nous apprenons à dire non, nos « oui » ont bien plus de poids. Apprendre à dire non aide à nous affranchir et à nous exprimer en toute liberté.

Acceptez de vous tromper

Se tromper veut dire que vous avez pris le risque d'agir. Notre évolution personnelle passe par cette étape. Ne craignez pas d'hésiter, de remettre en question vos décisions… Continuez à vouloir élargir votre zone de confort : tout vous sera rendu possible !

Accepter ce qui ne peut être changé : lâcher prise sereinement

Nous avons tous vécu des situations pénibles. De temps en temps, en visitant ces souvenirs douloureux, nous revivons ces mêmes émotions, qui nous suivent comme une seconde ombre et vampirisent toute notre énergie. Tout ce à quoi je résiste persiste ! Voilà en quelques mots ce qui se passe lorsque nous ne lâchons pas prise, lorsque nous n'acceptons pas.
Nous avons finalement assez peu de contrôle sur les choses qui nous entourent. En revanche, nous pouvons agir sur nous-mêmes et adopter une attitude plus souple et flexible. Certes, dans un premier temps, cela ne fera pas évoluer la situation, mais cela va changer notre regard sur elle. Nous allons nous décrisper, déstresser. Par la suite, avec le recul et le détachement gagnés, nous allons savoir agir avec discernement.
Lâcher prise cela veut dire accepter véritablement la situation et poursuivre son chemin. Lâcher prise ne veut pas forcément dire être d'accord avec ce qui se passe, mais bel et bien accepter que cela arrive malgré tout.

Les 7 étapes du lâcher-prise

1. J'analyse ma résistance

Posez-vous la question suivante : « Sur quoi ou vis-à-vis de qui j'aimerais lâcher prise dans ma vie ? » Ce lâcher-prise concerne quel type d'émotions : la frustration ? le chagrin ? la peur ? la honte ? la colère ?

2. Je ne juge pas

Décrivez la situation douloureuse en tentant de suspendre votre jugement. Ne dites pas « c'est horrible », « c'est nul », « je n'y arriverai jamais », mais plutôt « la situation qui me blesse » (« qui me stresse », « que je n'accepte pas »…) est ....

....

3. Je décide de lâcher prise

À présent, assurez-vous de consciemment vouloir lâcher prise sur cette situation. C'est la manière la plus authentique de passer à autre chose.

4. Je mets les choses en perspective

Écrivez maintenant ce que vous ne voulez plus revivre dans le futur, en lien avec cette situation qui a été douloureuse pour vous. Est-ce que cette situation vous a changée ? Cela a-t-il été bénéfique ? Voudriez-vous que cela se reproduise ?

5. Je comprends les bénéfices du lâcher-prise

Répondez à ces questions :
- Qu'est-ce que cela m'apportera de lâcher prise par rapport à cette situation ?
- Quelle personne vais-je devenir en lâchant prise ?
- De quoi serai-je capable si je lâche prise, si je laisse aller ?

Rappelez-vous : accepter est une démarche bien plus active qu'il n'y paraît, et lâcher les choses du passé vous permettra d'avancer vers un futur plus zen.

6. Je m'autorise à laisser aller...

Lorsque vous aurez terminé, prenez une autre feuille et écrivez quelques phrases marquantes des étapes 1, 2 et 4.

7. Je lâche prise

Pour finir, déchirez cette feuille en mille morceaux et jetez-les, brûlez-les… Cette étape symbolique mettra en action votre lâcher-prise.

Aïe, aïe, aïe ! Je ne supporte pas de ne pas tout contrôler !

Comme pour toutes les grandes stressées, ne pas savoir et ne pas contrôler est pour vous synonyme de danger. Tant que vous n'avez pas de certitude sur ce qui va se passer, vous vivez des moments inconfortables. Comment lâcher ce besoin de certitude ?
En réalité, ne pas savoir n'est pas dangereux… mais plutôt neutre. Ce que vous ne savez pas n'est ni bon ni mauvais. Dans ce cas, plutôt que de perdre du temps à anticiper un problème qui n'existe pas, le mieux est de vous concentrer sur ce qui se passe ici et maintenant.

Je m'entraîne à gérer l'incertitude

L'intolérance à l'incertitude est au cœur du stress. Plus vous tolérerez l'incertitude, plus vous serez zen. Voici comment procéder.

❶ J'examine les coûts et les bénéfices à accepter mon incertitude

Si vous sentez que vous êtes un peu préoccupée par une situation dont vous ne connaissez pas l'issue, réfléchissez aux coûts et aux bénéfices liés à l'acceptation de ne pas tout contrôler.

Comment je calcule le bénéfice de lâcher prise ?

Imaginons que vous aviez peur de l'avion. Lâcher prise, accepter l'incertitude, va vous permettre de prendre l'avion pour voyager, et ainsi profiter de moments agréables… Vous n'avez aucune action à accomplir. Vous serez bien plus sereine et abandonnerez l'idée de vouloir contrôler quelque chose sur lequel vous n'avez absolument aucun contrôle (rassurez-vous, le pilote tient à sa vie, lui aussi !).

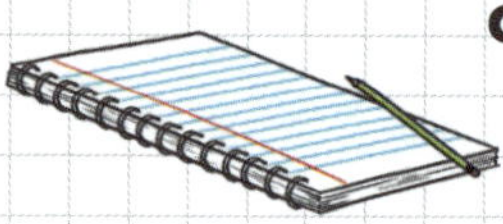

Comment je calcule le coût de ne pas lâcher prise ?

Le coût de votre incertitude est votre stress. Dans l'exemple de l'avion : penser que quelque chose arrivera si vous baissez la garde. Si à la question : « Quelle action puis-je accomplir véritablement pour baisser mon niveau d'incertitude (par exemple, vous désensibiliser) ? » il n'y a pas d'autre moyen possible que lâcher prise, alors faites-le !

Coûts de mon incertitude	Bénéfices de mon incertitude

Quelle action puis-je accomplir pour faire décroître mon sentiment d'incertitude ?

....

❷ Je plonge au cœur de l'incertitude

L'incertitude fait partie de la vie. Nous ne savons pas de quoi sera fait demain ou après-demain. S'entraîner à accepter de ne pas tout contrôler c'est aussi accepter que « je ne sais pas » ou « je ne suis pas sûre ».

Comment je fais ?

1. Listez tous vos comportements typiques d'incertitude : Cherchez-vous à être rassurée ? Avez-vous tendance à vérifier et revérifier ? À éviter ?
2. Pratiquez la tolérance à l'incertitude : choisissez un comportement que vous aimeriez réduire et commencez par le faire, petit à petit (par exemple, cesser de vérifier 10 fois le courriel que vous devez envoyer).
3. Félicitez-vous !
   Accepter de ne pas tout contrôler est une stratégie très payante que vous connaissez déjà : ne pas savoir, ne pas tout contrôler ne vous a jamais empêchée de vivre. Vous le faites tous les jours !

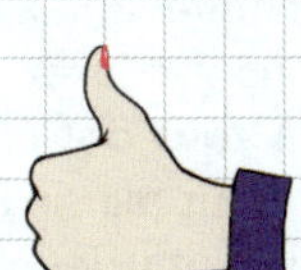

Une vie plus zen grâce à la psychologie positive

La psychologie positive est un courant né à la fin des années 1990 sous l'impulsion de Martin Seligman. Alors que traditionnellement la psychologie a été la science qui s'est occupée de guérir la souffrance, ce nouveau courant se voulait plus optimiste en mettant l'accent sur le développement des forces et des potentialités de chacun.
Cette branche de la psychologie se propose ainsi de décrire comment apprendre à être plus heureux et à faire appel à nos talents pour aller encore mieux.

Comment la psychologie positive peut-elle vous aider à devenir plus zen ?

Seligman, au cours de ses recherches, a mis en relief les ingrédients qui permettent à chacun d'entre nous de progresser vers une vie plus riche et plus intéressante. Pour lui, il s'agit de se créer une vie :

- **de plaisir :** qui correspond au fait de vivre des émotions positives le plus fréquemment possible ;
- **d'engagement :** qui consiste à identifier nos forces et nos talents pour les mettre au service d'une activité qui les valorise et nous absorbe totalement ;
- **de relations positives :** qui consiste à entretenir des relations positives avec autrui (amis, famille, voisins…) et qui participe à notre bien-être ;
- **de sens :** qui correspond à la quête de quelque chose de signifiant, de plus grand que nous, qui nous dépasse et à quoi on se rattache pour trouver une direction dans la vie ;
- **de réalisations :** quand nous atteignons des objectifs importants à nos yeux, favorisant notre plénitude.

Si 40 % de notre bonheur dépend de notre héritage génétique, tâchons de travailler sur les 60 % qui découlent de nos actions au quotidien !

Les exercices de psychologie positive

Mes moments de plaisir

Je recense le plaisir de ma journée

Chaque soir, avant de vous coucher, repensez à votre journée et notez sur un carnet (que vous garderez pour cet exercice quotidien) trois choses qui vous ont rendue heureuse ou qui vous ont fait du bien. Pensez à ces moments simples et agréables de la journée qui vous ont fait plaisir. Par exemple : le café savouré au chaud, la remarque gentille de votre collègue, votre musique préférée à la radio… Savourez un instant cette émotion de plaisir ou de gratitude.

J'introduis volontairement des moments de plaisir dans ma semaine

Stressée ou pas, prévoyez chaque semaine un moment de plaisir, seule ou à plusieurs. Faites de ce moment une opportunité pour recharger vos batteries et reprendre « de l'oxygène ».

Mon prochain moment de plaisir

Quand ?..

Où ?...

Avec qui ?..

Je fais une visite de gratitude

Les expériences de Seligman ont montré qu'exprimer sa gratitude est une démarche qui fait du bien, non seulement pour celui qui l'écoute, mais également pour celui qui l'exprime.

1. Choisissez quelqu'un de très important pour vous.
2. Écrivez comment cette personne a influencé votre vie, ce qu'elle a fait pour vous et pourquoi vous l'estimez.
3. Faites-lui la surprise de lui lire la lettre *de visu*.
4. Parlez avec elle de cette lettre (les émotions provoquées).
5. Savourez ce moment de satisfaction !

Prenez autant de temps que nécessaire pour écrire cette lettre (cela peut demander plusieurs semaines à certaines personnes).

Je valorise mes talents

Prenez conscience de vos forces et de vos vertus et cherchez des activités (personnelles ou professionnelles) qui pourront mettre en valeur l'expression de ces qualités :

....

....

....

Vous les reconnaîtrez car elles ont le pouvoir de vous absorber complètement. En général, ce sont des activités que vous maîtrisez et qui vous procurent beaucoup de satisfaction et vous donnent confiance en vous.

Je donne du sens à ma vie et je mesure mes réalisations

Comme vous l'avez vu précédemment dans la section consacrée aux valeurs (p. 40), réfléchir à ce qui donne du sens à sa vie est utile en période de stress ou de difficultés.

• Qu'est-ce qui donne du sens à votre existence ? (par exemple : j'aimerais pouvoir aider les gens que j'aime, leur montrer à quel point ils sont importants…)

....

• Qu'ai-je déjà accompli dans ce sens ? Quel(s) sentiment(s) positif(s) j'en retire ?

....

• Qu'est-ce que j'aimerais laisser derrière moi ?

....

Les faux amis positifs

Attention ! Certaines phrases faussement positives décuplent le stress… Elles semblent vous réconforter et vous encourager, mais en réalité elles vous mettent la pression et mettent en relief vos doutes ! À bannir :

– « Allez, essaie d'être un peu plus positive ! »
– « Tu n'as pas à t'inquiéter. »
– « Tout ira bien. »
– « Tu dois croire en toi. »
– « Ne pense pas à ça. »
– « Arrête de ruminer ! »
– « Tu as tout pour être heureuse ! »

La déclaration des droits de la psychologie positive

À l'inverse de ces injonctions paralysantes, la psychologie positive vous autorise le bonheur. Petit rappel de vos droits :
– J'ai le droit d'être heureuse.
– J'ai le droit de commettre des erreurs.
– J'ai le droit de ne pas plaire à tout le monde.
– J'ai le droit d'être comme je suis.

La psychologie positive n'est pas là pour nous faire oublier nos problèmes, nos difficultés. Elle existe pour nous aider à mieux les affronter, et à chercher ce qui va bien. Voilà pourquoi elle est si importante dans votre parcours vers le zen : pour donner encore plus de place aux émotions positives afin qu'elles prennent la place de celles qui sont un peu moins sympathiques !

L'enfer c'est les autres... ou bien le paradis

Nos relations seront un jour ou l'autre marquées par des situations de conflit ou de tension, générant ainsi pas mal de stress. Dans une situation relationnelle, nous agissons de 3 façons : passive, agressive ou affirmée. Voici les caractéristiques de chacun de ces comportements.

Comportement passif	Comportement agressif	Comportement assertif

La personne : – Est inhibée – Ne dit rien et accepte de passer après les autres – Vit ses émotions de l'intérieur – A du mal à dire ce qu'elle pense, à faire des demandes ou des critiques – A parfois du mal à faire ou recevoir des compliments – Obtient peu de choses concrètes – Est considérée comme « gentille » – A surtout l'impression d'être « une bonne poire » – À la longue, en raison de ce comportement, peut devenir anxieuse, voire déprimée...	La personne : – Agit sous la colère – Veut passer avant les autres – Dit ce qu'elle pense, sans prendre de gants – À un ton de voix irascible – N'a pas de difficultés pour demander les choses – Est souvent impliquée dans des conflits relationnels – A un comportement qui génère du stress – Est souvent hyperactive – Vit dans l'urgence – A du mal à se détendre – Pense qu'elle a toujours raison – À la longue, en raison de ce comportement, peut se retrouver isolée	La personne : – A une attitude qui tient compte des droits des autres et de ses droits – Dit ce qu'elle pense, poliment, calmement – Est souvent vue comme sympathique et polie – Est à l'aise socialement – Ressent moins de stress – Obtient plus de choses – Sait se détendre – Sait désamorcer le conflit – Sait faire des demandes, des compliments, des critiques, et sait en recevoir

Test : Affirmée ou pas affirmée ?

Voici un petit test pour savoir si vous êtes une personne affirmée (ou assertive). Cochez la case qui vous correspond davantage.

1. Lors d'une situation un peu tendue, je peux parler avec confiance :
   ☐ Fréquemment ☐ De temps en temps ☐ Presque jamais ☐ Jamais

2. Si je ne suis pas sûre de moi, je sais demander de l'aide :
   ☐ Fréquemment ☐ De temps en temps ☐ Presque jamais ☐ Jamais

3. Si quelqu'un est injuste ou agressif, je peux rester calme :
   ☐ Fréquemment ☐ De temps en temps ☐ Presque jamais ☐ Jamais

4. Si quelqu'un utilise l'ironie ou le sarcasme, je peux répondre sans agressivité :
☐ Fréquemment ☐ De temps en temps ☐ Presque jamais ☐ Jamais

5. Si je sens qu'on essaie de profiter de moi, je peux le dire sans m'emporter :
☐ Fréquemment ☐ De temps en temps ☐ Presque jamais ☐ Jamais

6. Si quelqu'un me demande quelque chose que je n'accepte pas (par exemple, fumer à proximité), je peux dire non sans culpabiliser :
☐ Fréquemment ☐ De temps en temps ☐ Presque jamais ☐ Jamais

7. Je peux donner mon opinion sans problème, même si elle ne correspond pas aux attentes des autres :
☐ Fréquemment ☐ De temps en temps ☐ Presque jamais ☐ Jamais

8. Je peux facilement entrer en contact avec les autres :
☐ Fréquemment ☐ De temps en temps ☐ Presque jamais ☐ Jamais

9. Si je remarque quelque chose qui ne va pas ou si quelqu'un essaie de me vendre quelque chose dans un magasin, je sais dire non fermement mais sans agressivité :
☐ Fréquemment ☐ De temps en temps ☐ Presque jamais ☐ Jamais

Résultats

→ Si vous avez coché plus de 5 fois les cases « presque jamais » ou « jamais », vous pouvez essayer d'être plus affirmée au quotidien. Il vous suffira peut-être de faire quelques changements dans votre façon de communiquer pour être un peu plus en confiance et un peu plus zen !

Ma check-list pour une conversation affirmée

☐ Avoir en tête une idée précise (je sais ce que je veux dire)
☐ Avoir une bonne idée de la position de l'autre (je sais à qui j'ai affaire)
☐ S'exprimer précisément et directement (je dis « je » et pas « tu »)
☐ Persister si nécessaire (je répète mon idée, calmement)
☐ Adapter sa posture (ton de voix, volume, mimique, regard…) au message verbalisé
☐ Ne pas se justifier ou trop expliquer (je ne suis pas obligée de me justifier… je risque de me perdre dans les détails…)
☐ Terminer chaleureusement

Do you speak zen ?

Bien communiquer pourra vous éviter bien du stress au quotidien. On ne naît pas affirmée, on le devient. Donc allez sur le terrain, faites entendre votre voix, prenez votre place, toute votre place ! Votre opinion est aussi importante que celle des autres.

Quels sont les ingrédients d'une communication authentique et sans stress ?

• **Donner de l'information de façon claire et précise** : se reporter à des faits particuliers et non pas à des généralités (« ton travail est loin d'être parfait » est moins spécifique que « j'ai remarqué quelques fautes d'orthographe dans le document que tu m'as fourni »).

• **Se révéler aux autres :** cela veut dire exprimer un sentiment et un avis personnel sur un sujet donné (« cela me gêne », « je suis très content ») ; exprimer son avis aide à bien communiquer avec les autres et à nouer de vraies relations.

• **Demander l'autorisation :** vérifier si l'autre est disponible pour écouter et le rendre plus attentif à ce que nous allons lui dire.

• **S'affirmer avec empathie :** cela veut dire que l'on exprime à l'autre ce que nous comprenons de son problème ou de sa situation (« je pense que vous êtes en colère... »).

Je m'affirme avec le DESC

Qu'est-ce que c'est ?

Le DESC est un outil pratique et simple pour vous aider à communiquer de façon affirmée, notamment lorsque vous devez aborder une situation problématique.
Lorsque vous êtes confrontée à un conflit, par exemple, n'attendez pas trop longtemps avant d'évoquer le problème avec l'autre personne concernée. Ne vous précipitez pas non plus. Vous pouvez vous laisser quelques heures, mais pas trop, au risque de ne plus pouvoir aborder le sujet...

Comment je fais ?

Pour être efficace, abordez les faits sans porter de jugement ou d'accusation sur l'autre. Voilà ce que le DESC veut dire :

• **D**écrire : expliquez avec des faits observables une situation ou un comportement qui pose problème, simplement et sans exagération (« Ce soir, tu es arrivé en retard pour le dîner, sans m'avoir prévenue »).

• **E**xprimer : exprimez les sentiments, les émotions que le problème génère pour vous. Cet aspect très important apporte de l'authenticité à la relation et à la discussion (« J'étais très inquiète et angoissée de ne pas avoir de tes nouvelles... j'ai pensé au pire »).

• **S**pécifier : indiquez ce que vous souhaitez voir modifié pour que le problème ne se reproduise plus ; cela peut être la mise en place d'un plan d'action, le changement d'un comportement… N'hésitez pas, avec bienveillance, à suggérer des solutions qui conviennent aux deux parties (« La prochaine fois, préviens-moi que tu arriveras en retard. Si ton portable n'a plus de batterie, essaie de m'envoyer un petit mail avant de quitter le travail, ou demande à ton collègue si tu peux utiliser son téléphone »).

• **C**onséquences : faites connaître à l'autre les conséquences heureuses si tout se passait comme dans le point précédent (Spécifier) ; à l'inverse, notifiez si vous le souhaitez quels seraient les inconvénients ou les conséquences négatives si le problème persistait (« Cela m'aurait rassurée et j'aurais pu passer une bonne soirée en t'attendant »).

À vous

Repensez à une situation qui a été problématique pour vous, qui a créé du stress et à laquelle vous auriez aimé répondre de façon affirmée grâce au DESC :

……………………………………………………………………………………………

……………………………………………………………………………………………

Imaginez la conversation avec votre interlocuteur :

Décrire : ……………………………………………………………………………

Exprimer : …………………………………………………………………………

Spécifier : …………………………………………………………………………

Conséquences : ……………………………………………………………………

Mon rendez-vous de coaching

Le chapitre 3 a été consacré à la concrétisation de votre changement. Le chemin se fait en marchant… Continuez ! À présent, vous avez l'occasion de faire le point sur ce que vous avez pu mettre en place et sur ce que vous avez envie de continuer dans l'avenir.

Je note mes sensations

Qu'avez-vous compris à la lecture de ce chapitre ? ....

Qu'avez-vous ressenti ? ....

Quel enseignement en tirez-vous ?

....

....

Quel chemin avez-vous parcouru vers votre objectif zen ?

....

....

....

....

Je remplis mon tableau

Mes actions zen	Degré de plaisir (0-10)	Actions à réaliser la semaine prochaine

Bravo ! Vous avez fait plus de la moitié ! Encore un chapitre, et vous compléterez votre cahier Antistress avec brio !

Chapitre 4

Zen jusqu'au bout des ongles !

Prendre soin de soi est un besoin pas un luxe. C'est un savant mélange entre une alimentation équilibrée (et délicieuse, si possible !), un sommeil réparateur, une pincée d'exercice, une bonne communication, un brin d'organisation et, bien sûr, du plaisir ! Un style de vie zen ne se construit pas du jour au lendemain. Mais en changeant des petites choses à votre quotidien, vous constaterez très vite que les bénéfices sont innombrables : votre énergie en sera décuplée et, cerise sur le gâteau, vous serez zen !

Prendre soin de soi pour vivre zen

Prendre soin de son corps est indispensable pour mieux résister au stress.
Un excellent remède pour cela est l'exercice physique, qui possède une véritable action antistress. Certains lui prêtent des vertus aussi bénéfiques que la psychothérapie. Dans tous les cas, les deux combinés sont bien plus efficaces que chacune des disciplines prises séparément ! Les bénéfices sont nombreux :

- **Une augmentation du sentiment de contrôle et de confiance en soi** au fur et à mesure que nous maintenons un programme régulier d'exercices physiques. La raison est simple : nous finissons par adopter une attitude positive (« je peux le faire ») et repoussons sainement nos limites à chaque mouvement.
- **Un bénéfice social** si l'exercice physique est réalisé en groupe.
- **Une sensation de bien-être et de détente** créée par notre cerveau lors d'une activité physique. Le sport a également des vertus antidouleur !

Mais lorsque nous ne faisons pas d'exercices physiques, par où commencer ?

Mon programme physique antistress

Parlons motivation !

Il est parfois difficile, lorsque nous sommes pris par le stress, de trouver de la motivation pour aller au bout des choses (et de notre objectif sportif !). Cette inertie peut alors se retourner contre nous sous forme de stress accru. Donc ne perdons pas de temps et tâchons d'augmenter notre capital de motivation.

Les 8 clés pour se motiver à bouger !

- N'attendez pas que la motivation pointe le bout de son nez. L'action génère de la motivation.
- Décidez qui vous voulez être : celle qui attend que les choses arrivent ou celle qui les provoque ?
- Établissez clairement vos objectifs zen dès aujourd'hui.
- Agissez en commençant par les activités que vous maîtrisez et qui vous boostent !
- Prévoyez quel plaisir et combien de bénéfices vous attendez de ces activités, puis foncez !
- Récompensez-vous.
- Examinez les coûts et les bénéfices sur le court et le long terme.
- N'attendez pas de résultat dans l'immédiat et persévérez : vos nouvelles habitudes créeront de nouvelles réalités. L'essentiel est de commencer maintenant !

Aaaaaction !

Si vous ne pratiquez pas d'activités physiques, ne brûlez surtout pas les étapes, au risque de vous démotiver si c'est trop difficile. Se dépasser est une chose louable, mais, à ce stade, ce n'est pas le but. Ce qui est important, c'est de bouger modérément et souvent.

Harvey Simon, professeur de médecine à la Harvard Medical School a établi une échelle de valeur attribuant des points à différentes activités en fonction de la dépense énergétique fournie. Son postulat est le suivant : toute activité physique peut être bénéfique pour le cœur et la santé en général. Il recommande d'obtenir 150 points journaliers ou bien 1 000 points hebdomadaires d'activité physique pour retirer des bénéfices pour la santé. Pour les débutantes, ce sera 25 points quotidiens !

Les dépenses énergétiques

Activité	Rythme	Durée (minutes)	Nombre de points
Faire du ménage	Soutenu	30	150
Cuisiner	Modéré	30	60
Bêcher dans le jardin	Modéré	30	190
Enlever la poussière	Modéré	30	75
Jardiner	Modéré	30	150
Repasser	Modéré	15	35
Faire un jogging	12 minutes	30	200
Jouer avec les enfants	Incluant un peu de course	30	130
Laver sa voiture	Modéré	30	100
Yoga	Modéré	30	130
Tondre la pelouse	Modéré	30	130
Monter les escaliers	Modéré	30	100
Faire l'amour	Modéré	15	25
Marcher	Modéré	30	135
Faire du ski alpin	Modéré	30	200

Je mesure mon activité physique

L'objectif des 150 points quotidiens est accessible à tout le monde. La marche demeure l'activité de prédilection du Dr Simon.

- Quelle est la vôtre ?

....

- En parcourant les activités du tableau, pouvez-vous dire combien de points vous cumulez chaque jour ?

....

J'établis mon planning d'activités physiques antistress

- Quelles autres activités aimeriez-vous faire dans le but de compléter les 150 points journaliers ?

....

....

- Quelles autres activités aimeriez-vous faire pour compléter les 1 000 points hebdomadaires ?

....

....

- Complétez le tableau suivant :

	Activités de la journée	Nombre de points
Lundi		
Mardi		
Mercredi		
Jeudi		
Vendredi		
Samedi		
Dimanche		

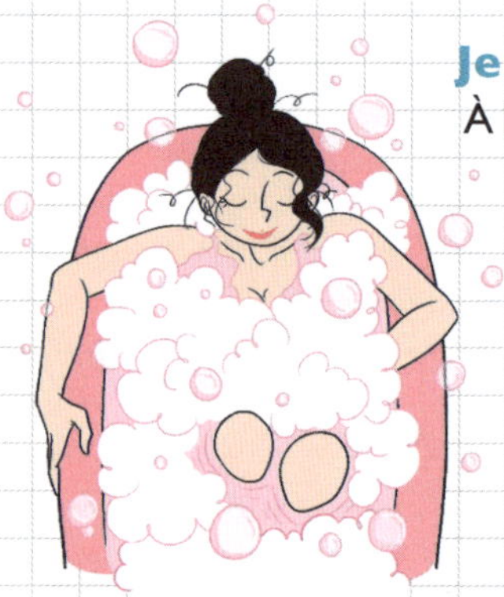

Je me récompense

À la fin de la semaine, si vous avez atteint vos 1 000 points, octroyez-vous une récompense : massage, bain moussant, lecture, petit cadeau… Vous pouvez même établir un barème de points hebdomadaires qui vous permettra d'accéder à des récompenses encore plus intéressantes, ce qui vous motivera ! Par exemple : 1 000 points pour un massage ; 1 500 points pour un soin complet du corps… En plus de la motivation, vous serez moins stressée.

Sommeil et alimentation : le duo de choc !

Pour tenir bon en période de stress, nous avons souvent recours à différents moyens, soit pour nous stimuler, soit pour nous calmer, comme le tabac, l'alcool, le grignotage, la caféine… À court terme, ces stratégies peuvent avoir des effets agréables. Avec des conséquences malheureuses qui se font ressentir sur le long terme, ajoutant d'autres problèmes au stress.
Ce dernier a également d'autres effets pervers. Il nous vole du temps pour les activités qui nous sont les plus précieuses et ne nous permet pas de récupérer convenablement. Il se cristallise très souvent autour de deux grands pôles : le sommeil et l'alimentation.

L'alimentation

Une mauvaise alimentation serait responsable d'une moins bonne adaptation au stress. La consommation excessive de sucre et de graisse augmenterait, par ailleurs, d'environ 60 % le risque de stress et de dépression. Le stress joue également un rôle non négligeable dans des troubles alimentaires comme la boulimie. Une personne peut, quand elle est stressée, prendre l'habitude de grignoter à cause de l'effet « calmant » (en apparence) du sucre. Comme l'effet bénéfique est rapide, il pousse à remanger encore et encore pour retrouver ce côté calmant, engendrant une totale perte de contrôle.
De plus, cette ingurgitation rapide de nourriture aboutit à des repas souvent trop riches en graisse et parfois de mauvaise qualité nutritionnelle.
Il est important, à ce stade du cahier Antistress, de rééquilibrer votre alimentation pour retrouver la santé et le plaisir de manger.

Le top 8 des aliments mauvais pour le stress
- Le café
- Le thé fort
- Le cola
- Les boissons énergisantes
- Le sucre
- L'alcool
- Les plats cuisinés
- Les aliments riches en sucres raffinés (bonbons, céréales, gâteaux industriels…)

Les aliments qui aident à vivre zen

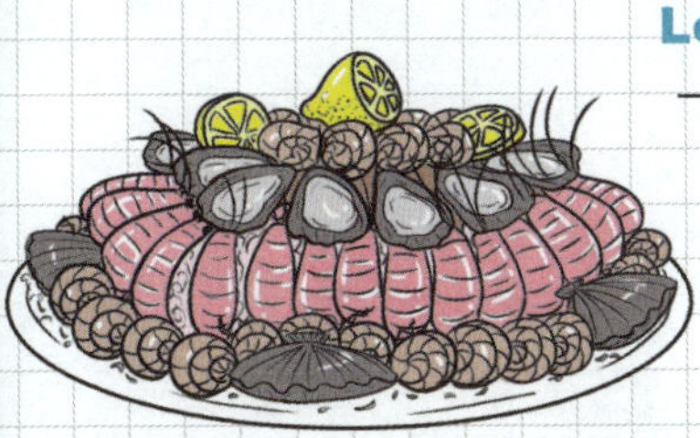

– **Certains aliments riches en protéines** comme le poisson, les coquillages, les œufs stimulent la production de dopamine (un antidépresseur naturel).
– **Les aliments à base de céréales complètes** libèrent l'énergie progressivement.
– **Les aliments riches en oméga 3 sont** excellents pour le bon fonctionnement du système nerveux (le saumon, les sardines, les noix…).
– **Les aliments riches en antioxydants** tels que les fruits, les légumes, le thé vert, des aliments détox et antistress.

Je mesure objectivement mes habitudes alimentaires

Équilibrer son alimentation a un effet stupéfiant sur la qualité de vie. Si vous souhaitez reprendre le contrôle de votre alimentation, essayez dans un premier temps d'observer comment vous vous nourrissez.

Notez chaque jour vos prises alimentaires : repas, grignotages, boissons... Éventuellement, les émotions associées, ainsi que tous les aliments consommés et leur quantité.

	Quoi ?	Où ?	Sensation de satiété ?	Émotions ?	Est-ce une mauvaise habitude à corriger ?
Petit déjeuner					
Collation					
Déjeuner					
Collation					
Dîner					
Grignotage					

Très rapidement, vous aurez une vision d'ensemble de vos erreurs alimentaires. C'est le premier pas vers la correction et le rééquilibrage !

Les règles d'or

1 Prenez le temps de savourer un petit déjeuner conséquent.
C'est une étape obligatoire pour faire démarrer votre métabolisme dans de bonnes conditions : une boisson, un produit laitier, un fruit et des glucides.

2 Ayez des repas « sensés ».
- Un déjeuner équilibré : protéines, glucides et légumes.
- Un dîner plutôt léger, et si possible pris 3 heures avant le coucher.
- Évitez les grignotages.

3 Ne faites rien d'autre que manger pendant les repas (pas de télé, Smartphone, etc.). Mangez dans de bonnes conditions, c'est-à-dire assise, au calme.

4 Et surtout, hydratez-vous pour ne pas stresser votre corps (au moins 8 grands verres d'eau par jour).

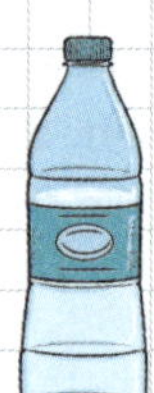

Si au bout de 15 jours vous constatez que cela est difficile de mettre en place de nouvelles habitudes, il est alors important de consulter un médecin pour vous faire aider.

Mon sommeil… mon doux sommeil

Lorsque nous sommes fatigués, notre tolérance à la frustration et aux différents tracas de la vie baisse considérablement. Le sommeil est un besoin indispensable à notre récupération physique et psychique. Le stress peut perturber le sommeil et *vice versa*, que cela se traduise par une insomnie ou par une tendance à dormir excessivement… Il n'est pas rare que l'heure du coucher soit repoussée pour prolonger le temps de travail ou alors pour prolonger la soirée.

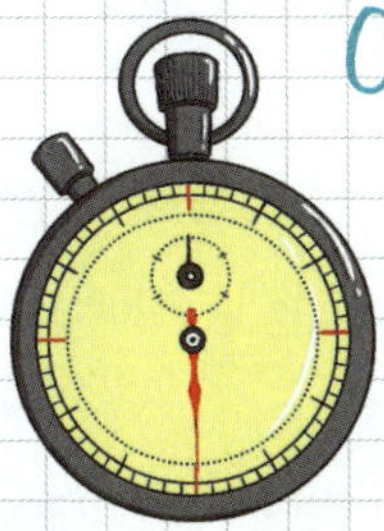

Organiser son sommeil

Le temps de sommeil varie selon les individus. Certains ont besoin de dormir 9 heures, alors que d'autres sont satisfaits et en pleine forme au bout de 5 heures.

Le meilleur indicateur de la qualité du sommeil est le réveil spontané et facile. Si cela est faisable sur une semaine, couchez-vous à heure fixe sans programmer votre réveil. L'heure à laquelle vous vous réveillerez vous donnera le temps qu'il vous faut pour avoir le sentiment d'une bonne nuit.

Mon heure de coucher : ……………………………………………………………

Mon heure de réveil spontané : ……………………………………………………

Mon temps de sommeil nécessaire : ………………………………………………

Optimiser et réguler son sommeil… pour être zen

Comment savoir si mon sommeil n'est pas assez réparateur ?

C'est le cas si vous répondez oui aux questions suivantes.

– Ai-je du mal à m'endormir ?	☐ Oui	☐ Non
– Est-ce que je me réveille fréquemment pendant la nuit ?	☐ Oui	☐ Non
– Ai-je tendance à repousser l'heure du coucher ?	☐ Oui	☐ Non
– Est-ce que je suis professionnellement soumise à des horaires variables ?	☐ Oui	☐ Non

Je fais quoi si je me réveille pendant la nuit ?

- Essayez de pratiquer la relaxation avant de vous coucher (p. 17).
- Relevez-vous si vous n'arrivez pas à vous rendormir et n'hésitez pas à faire une activité, même désagréable (du repassage ?).
- Prenez une tisane ou un lait chaud, prenez un bain ou une douche chaude pour vous détendre et chasser les tensions de votre corps.
- Ne retournez pas au lit tant que vous n'avez pas sommeil.

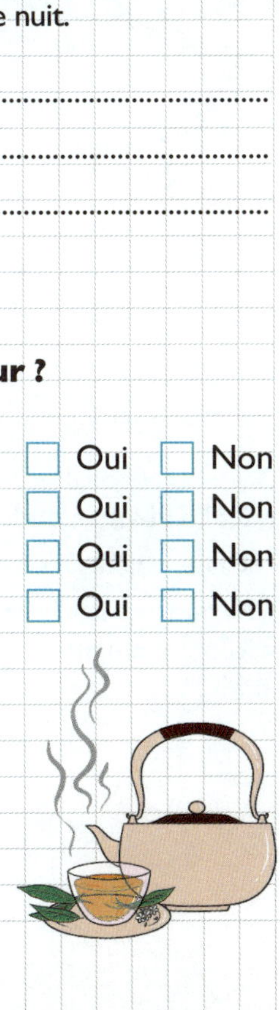

Les recettes zen pour bien se reposer

5 recettes infaillibles pour un sommeil réparateur

– Imposez-vous 10 minutes minimum de repos par jour, même sans dormir, le but étant de vous relaxer et de réguler votre sommeil à venir.
– Bougez un peu chaque jour.
– Mangez mieux et léger : un repas trop copieux perturbe la digestion et la qualité du sommeil.
– Maintenez une température agréable de 19 °C dans votre chambre.
– Réduisez les excitants : café, alcool, tabac, thé…

Les plantes magiques pour se relaxer avant de dormir

– **Le kava :** C'est un tranquillisant naturel très connu des Polynésiens. À petite dose, cette plante produit un sentiment de grand bien-être. Contrairement aux anxiolytiques, elle n'affecte pas la mémoire et ne crée pas de dépendance.

– **La valériane :** Elle est reconnue pour ses effets relaxants. Elle est très utile en période de grand stress ou d'insomnie.

– **La passiflore :** Aussi efficace que sa copine la valériane, notamment pour favoriser le sommeil en période d'insomnie, elle aide au relâchement musculaire.

– **Le Gotu Kola :** non seulement cette plante améliore la mémoire, la circulation sanguine, mais elle est également réputée pour revitaliser le système nerveux fatigué.

Consultez un spécialiste en médecines douces !

Et la sieste dans tout ça ?

La sieste est un moyen très simple et naturel pour accéder au bien-être et recharger ses batteries en période de stress.

1. Elle renforce la santé.
2. Elle facilite la digestion.
3. Elle rééquilibre la durée du sommeil.
4. Elle abaisse le niveau de stress.
5. Elle clarifie les pensées.

Certains spécialistes s'accordent à dire que l'homme est biologiquement programmé pour faire une sieste l'après-midi !

Pas de blues… en hiver

Nous savons aujourd'hui qu'une exposition minimale à la lumière naturelle est cruciale pour notre rythme biologique et la régulation de notre sommeil. Il suffit d'observer notre humeur ou même la qualité de notre sommeil quand il fait beau. Une journée ensoleillée génère 10 000 lux ou plus, alors qu'une journée maussade, à la maison ou dans un bureau, se situe entre 300 et 500 lux. La lumière artificielle ne contient pas la lumière bleue émise par le soleil et qui contrôle l'horloge biologique.

Les études montrent qu'environ 30 % de la population serait touchée par une sorte de « blues hivernal » !

Voilà pourquoi, pour beaucoup de gens, les deux périodes les plus stressantes de l'année sont la rentrée et les fêtes de fin d'année. Curieusement, ces deux pics correspondent à l'automne et à l'hiver, ce qui évoque certes le froid et la pluie mais aussi les jours qui raccourcissent… Notre cerveau sécrète la mélatonine, une sorte de somnifère naturel, qui provoque un sentiment de léthargie, et comme tous les animaux, nous avons besoin d'hiberner, de dormir davantage, sans que pour autant ce sommeil supplémentaire nous apporte la forme ou la bonne humeur.

Astuce
Autre possibilité pour un réveil en douceur : le simulateur d'aube. Cette lampe simule le lever du soleil et le cycle du sommeil se règle ainsi naturellement.

La luminothérapie, quèsaco ?

La luminothérapie consiste à s'exposer à une lumière artificielle avec des lampes sans émission d'ultraviolets et munies d'un verre spécial anti-infrarouge, ce qui les rend inoffensives pour les yeux.

- **L'exposition ne doit pas nécessairement se faire de face :** Vous pouvez travailler ou vous détendre pendant la séance. Pour obtenir des effets, il suffit de laisser la lumière entrer en contact avec votre rétine de manière indirecte.
- **Le temps d'exposition dépend de la puissance de la lampe et de la distance** à laquelle vous la placez :
  - Avec une lampe à 10 000 lux à 25 centimètres, l'exposition sera de 15 à 30 minutes.
  - pour une lampe à 2 500 lux à 25 centimètres, l'exposition durera 2 heures.
- **Pour les troubles du sommeil, exposez-vous le soir.**
- **Pour le stress ou le blues saisonnier, exposez-vous tôt le matin.**

KISSS (keep it simple, so simple) !

La simplicité ne doit pas être confondue avec l'austérité ou la préhistoire. Ce n'est pas se détourner de la modernité ou de la technologie mais se « débrancher » des demandes trop exigeantes en termes de temps, pour se concentrer sur ce qui compte vraiment pour soi. Cela nous permet de réduire la complexité et les encombrements inutiles. Une vie plus simple est plus créative et enrichissante pour l'esprit. Voici quelques pistes pour vous rendre la vie plus facile.

N'hésitez pas à vous faire accompagner ou à lire des ouvrages qui pourraient vous aider dans cette quête révolutionnaire pour votre bien-être.

Certains changements peuvent être réalisés immédiatement, alors que d'autres demandent une réflexion approfondie sur le long terme.

Des gestes détox pour s'alléger

Le temps et l'énergie alors libérés nous laissent plus de temps pour :

- profiter de ceux que l'on aime ;
- développer toutes nos potentialités physiques (faire des activités que l'on affectionne et qui nous font du bien comme marcher, nager…) ;
- développer nos potentialités mentales (s'engager dans des défis et des apprentissages) ;
- développer nos potentialités spirituelles (apprendre à vivre selon nos valeurs et donner du sens à nos vies).

Réduire la taille de son lieu d'habitation

Plusieurs avantages dans ce cas précis : dans un logement plus petit, il est difficile d'accumuler trop d'objets (ce qui va dans le sens de la simplicité et du désencombrement). Un espace plus réduit est aussi moins coûteux en termes de temps (plus facile à nettoyer) et d'argent.

Se débarrasser des objets inutiles

Dans ces temps d'abondance, il est simple d'accumuler des objets qui n'ont pas de valeur… et qui encombrent notre espace vital. Jetez un œil à vos affaires et décidez de ce qui est encore utile et ce qui ne l'est plus… La règle est que, si vous n'avez pas utilisé l'objet depuis un an, il ne vous est pas si utile que ça (sauf, bien sûr, pour les objets de valeur sentimentale).

Réduire l'exposition à la télévision et/ou à l'ordinateur

Combien de temps passez-vous chaque jour devant des écrans ? Au travail ? À la maison ? Certes, passer un moment devant une émission agréable est un moyen de se détendre ou de se distraire, mais c'est une activité extrêmement passive qui peut aggraver le stress et l'anxiété. Les études sont unanimes : passer trop de temps devant des écrans nous éloigne des sources de bonheur durable.

Vivre à proximité de la nature

Pouvoir marcher, sentir les effluves de la nature, écouter les feuilles qui tremblent ou les oiseaux qui chantent dès le matin sont des bonheurs très simples et appréciés. Rester connecté à la nature est une façon très saine de rester connecté à soi-même, à sa « vraie nature »…

Débrancher un peu le téléphone

Il sonne en permanence, il vibre… On y lit ses courriels professionnels ou personnels, on y écoute sa musique préférée… On se sent perdu sans lui… Notre téléphone est aujourd'hui un outil multifonction très utile mais également extrêmement chronophage. Rappelez-vous qu'y répondre est optionnel. Accordez-vous une journée sans téléphone pour apprécier de vivre sans trop d'interruptions…

Apprendre à dire NON

Non est une phrase ! Certains d'entre nous semblent très fiers d'être disponibles en permanence pour les autres. Le problème est que la disponibilité se paie parfois très cher. Vous pouvez prendre tellement soin des autres que vous n'avez plus d'énergie pour vous occuper de vous. ALERTE ! Si quelqu'un vous demande de votre temps, demandez-vous si vous en avez et si cela ne dessert pas vos propres intérêts.

Questionnaire « Je simplifie ma vie »

1. Trouvez-vous votre style de vie compliqué à l'heure actuelle ? ☐ Oui ☐ Non
2. Trouvez-vous votre lieu de vie encombré ? ☐ Oui ☐ Non
3. Vous trouvez-vous souvent sollicitée ou dérangée pour des bêtises ? ☐ Oui ☐ Non
4. Seriez-vous prête à faire des changements pour simplifier votre vie dans l'année qui suit ? ☐ Oui ☐ Non

Si c'est oui, alors allez-y !

Ma check-list pour une vie plus simple

Pour vous aider à simplifier votre vie, faites votre *check-list* ci-dessous. Même si certaines choses ne sont pas possibles à ce jour, c'est l'occasion de réfléchir à des projets de simplification… pour plus tard.

Simplifier sa vie est un véritable processus de zénitude. Cela peut prendre 1 ou 2 années pour introduire de véritables changements durables.

Cochez les stratégies de simplification ci-dessous que vous seriez prête à essayer ou initier dans les 6 mois :

- ☐ Réduire les objets (à la maison)
- ☐ Déménager dans un logement plus petit
- ☐ Aller vivre dans une ville plus petite ou à la campagne
- ☐ Changer pour une voiture plus économique
- ☐ Réduire l'exposition à la télé et à l'ordinateur
- ☐ Demander à ne plus recevoir de publicité
- ☐ Ne plus répondre au téléphone systématiquement
- ☐ Changer de moyens de transports (marcher ou pédaler plutôt que prendre la voiture)
- ☐ Partir en vacances dans votre région
- ☐ Réduire votre dette personnelle
- ☐ Garder une seule carte de crédit
- ☐ Déléguer (si possible) certains travaux comme le jardinage ou le ménage, de temps à autre, ou échanger vos services
- ☐ Simplifier vos habitudes alimentaires en choisissant de la nourriture simple et saine et non plus des plats industriels
- ☐ Faire vos courses avec une liste, moins souvent et en plus grande quantité
- ☐ Faire de l'eau votre boisson principale
- ☐ Emporter votre déjeuner au travail
- ☐ Apprendre à dire non
- ☐ Ne pas essayer de plaire ou faire plaisir aux autres en permanence
- ☐ Faire ce que vous avez réellement envie de faire
- ☐ Travailler moins et passer plus de temps avec les gens qui vous font du bien

Les clés d'une maison saine et zen

Même si parfois vous êtes stressée, votre intérieur n'a pas à l'être. Avoir un espace zen est le meilleur moyen de le devenir. Qui n'a pas connu la sensation de mieux-être après un grand ménage ? Comme si notre paix intérieure dépendait un peu de l'ordre extérieur… Un espace zen a le pouvoir de libérer votre esprit en aérant votre maison !

Des couleurs zen

Les couleurs peuvent aussi affecter votre humeur. Choisissez des tons neutres, unis et sans motifs si possible. C'est à la fois simple et reposant.

Du minimalisme

Choisissez moins d'objets et gardez ceux qui sont à la fois beaux et utiles. Débarrassez-vous des babioles et mettez en évidence un bel objet qui attirera davantage le regard.

De l'organisation

Prenez le temps d'évaluer ce que vous avez, puis faites un don à des associations ou vendez. Pour vous aider à faire le tri dans vos vêtements, considérez que ceux que vous n'avez pas portés ces deux dernières années ne vous sont plus utiles. Organisez vos documents, rangez-les dans des classeurs, jetez les magazines qui prennent inutilement la poussière…

De l'espace… zen

Même un petit espace peut être transformé en lieu zen pour pratiquer la méditation (p. 24), du yoga (p. 30), du chant ou toute autre activité qui favorisera la détente.

Du vert

Ajoutez une touche de nature à votre intérieur. Pensez aux végétaux qui détoxifient l'atmosphère (comme le fucus, par exemple). Les plantes vertes aident à créer un sentiment de détente et de chaleur, et ne demandent pas d'entretien excessif.

De la lumière

Pensez à agrémenter votre intérieur de bougies et de lumière douce un peu partout. Une lumière tamisée génère naturellement un sentiment agréable et un environnement chaleureux.

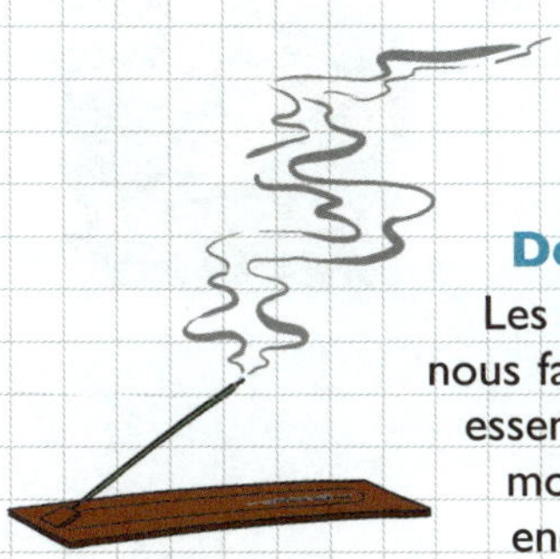

Des odeurs

Les odeurs peuvent, en une fraction de seconde, nous emmener loin, nous faire voyager. Pensez à l'aromathérapie, à l'eau de linge. Des huiles essentielles comme celles de lavande, bois de santal, camomille, bergamote, notamment, peuvent vous aider à vous détendre, voire à vous endormir.

Zen dans mon couple

Le secret de la longévité d'un couple réside aussi dans l'harmonie que l'on crée à deux. Psssit ! On vous souffle le secret…

3 astuces zen pour s'aimer sans se prendre la tête

Profiter du moment présent…

… plutôt que de repenser systématiquement au passé ou vivre dans l'illusion du couple parfait. Les couples des films romantiques ont beau nous faire saliver d'envie, il faut se rendre à l'évidence et éviter déceptions et frustrations : notre couple n'est pas ce que l'on voudrait qu'il soit. Il est juste ce qu'il est. Cessez de vous projeter dans un idéal de perfection et vivez le moment présent avec votre amoureux. De la même manière, arrêtez de chercher dans les archives de votre histoire d'amour chaque fois que vous vous disputez. Sortez de ce cercle vicieux ! Pour vous aider à profiter du présent, listez tout ce qui vous plaît chez votre chéri. Retour de flamme et émoustillements garantis !

Traverser les conflits de manière constructive

Un couple zen est un couple qui a 5 discussions positives pour 1 interaction négative… Vous avez le droit de ressentir de la colère, mais exprimez-la de façon constructive. Essayez d'utiliser le DESC (p. 53) et retrouvez votre calme rapidement par des exercices de respiration. Si cela est trop intense, faites un *time-out* : sortez de la pièce en prévenant votre amoureux que vous en rediscuterez lorsque vous serez plus calme.

Se réinventer : sortir de la routine en faisant attention à l'autre

La routine a tendance à user l'amour… Se réinventer c'est se mettre à la place de l'autre, chercher à lui faire plaisir, comprendre quels sont ses besoins… C'est aussi faire de votre histoire d'amour un mélange de saveurs : du sucré, du salé, du piquant ! Faites en sorte que l'équilibre des saveurs ne se rompe pas. Faites de votre maison un lieu de bienveillance et de respect, où chaque moment vécu et partagé est un délice. Organisez une fois par mois une sortie (cinéma, restaurant, balade, week-end…) qui vous confortera sur le plaisir à être ensemble. Soyez créative !

Je suis une maman zen

Être une maman zen n'est pas un diplôme que l'on obtient à la fin d'une formation de quelques jours… Être un parent zen et conscient consiste d'ailleurs plus à désapprendre qu'à apprendre… Pour devenir une maman plus sereine, révisons nos croyances, nos habitudes et nos comportements.

Les clés pour être une maman zen

Arrêtez la personnalisation
Ne vous remettez pas systématiquement en question en tant que parent chaque fois que votre enfant a un mauvais comportement.

Pensez à son besoin
Non, l'enfant ne le fait pas exprès. Il essaie de manifester un besoin, à sa façon… comme un enfant, simplement.

Mettez-vous à sa place
Demandez-vous si vous aimeriez que quelqu'un vous crie dessus ou vous menace ? Votre enfant aussi a besoin de beaucoup de compassion.

Faites une pause
Quand vous êtes en colère, il est généralement plus judicieux de s'éloigner, de respirer profondément et de se calmer. Vous parlerez à votre enfant lorsque vous serez plus calme.

Engagez-vous vis-à-vis de votre enfant à être consciente
Demandez-lui de vous surveiller s'il constate que vous pouvez vous mettre en colère. Préparez une tirelire pour y mettre 1 euro chaque fois que vous dérogez à la règle.

Acceptez de vous tromper
Apprenez de vos difficultés et ajustez votre plan la prochaine fois… et soyez consciente des conséquences de vos actes sur la construction de votre enfant.

Pratiquez l'acceptation
Et surtout… acceptez votre enfant comme il est. Aimez-le totalement, profondément, consciemment.

Prenez soin de vous
De votre bien-être émotionnel dépend aussi celui de votre enfant.

Zen working girl !

Être zen alors que vous croulez sous les dossiers, c'est parfois difficile ! Et pourtant, en ralentissant, en faisant moins, vous pouvez être bien plus productive. Ralentir veut surtout dire être présente, s'occuper d'une tâche après l'autre, et non pas faire trente-six choses à la fois…

6 façons d'être plus zen au travail

Apprenez à connaître vos limites

Ne cherchez surtout pas à en faire plus que vous ne pouvez ou à être indispensable à chacun. Ce qui est indispensable surtout c'est de vous connaître et de savoir ce que vous ne voulez pas. Collez un *post-it* avec votre objectif zen à un endroit stratégique pour ne pas le perdre de vue.

Prenez votre temps

Faites une pause entre chaque tâche ou décomposez vos tâches en plusieurs étapes. Entre chaque, buvez une infusion ou allez faire un tour : vous aurez les idées plus claires.

Considérez chaque jour comme un nouveau jour

Chaque matin, prenez un temps pour vous imprégner de votre état de calme au réveil. Cet état est le départ d'une nouvelle journée où tout est possible. Focalisez-vous sur ces premières pensées qui donneront le ton du jour.

Pensez réellement à ce que vous faites

Évitez, si possible, toute source de distraction pendant que vous faites un travail important. Si vous avez une tâche à concrétiser, faites en sorte de ne pas être dérangée (fermez la porte de votre bureau, isolez-vous dans un autre bureau, passez une demi-journée sans faire de courriels…).

Faites quelque chose pour quelqu'un

Rendre service à un collègue peut vous faire beaucoup de bien. Essayez de voir les gens qui vous entourent comme si vous les rencontriez pour la première fois. La gentillesse et la bienveillance ont le pouvoir de désamorcer des situations parfois très compliquées dans le monde du travail.

Prenez le temps de déjeuner

C'est un moment très important que nous négligeons trop souvent ; nous déjeunons à la va-vite, sur le pouce… Or, c'est un moment crucial pour recharger ses batteries. Déjeuner seule ou avec vos collègues est un vrai moment de décompression dans la journée. Vous ne pourrez être que plus productive ensuite !

Je gère ma montre

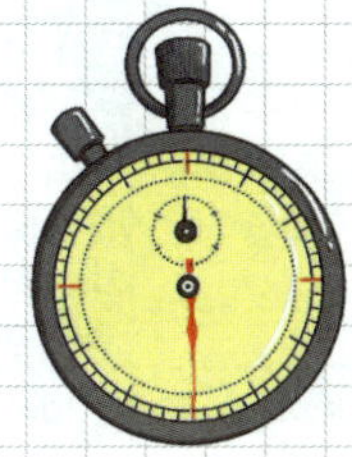

Le temps est une denrée rare. Malgré tous les moyens mis à notre disposition pour nous simplifier la vie au quotidien, nous n'avons jamais autant manqué de temps. Une femme travaille aujourd'hui 200 heures de plus par an qu'il y a 30 ans. Et sans temps de récupération, sans repos, comment parvenir à être sereine et accomplir les tâches importantes ?

Le camembert du temps...

Voici un exercice pour réfléchir à la façon dont vous utilisez votre temps. Dans le premier camembert, mettez les pourcentages que vous accordez à vos différentes activités quotidiennes.

Par exemple :

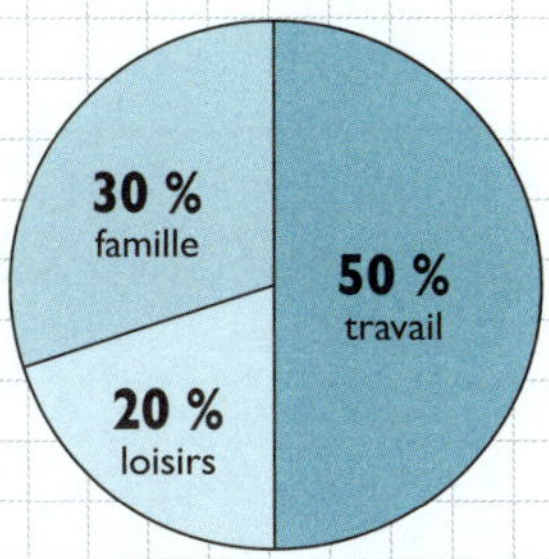

À vous !

Mon camembert du temps actuel

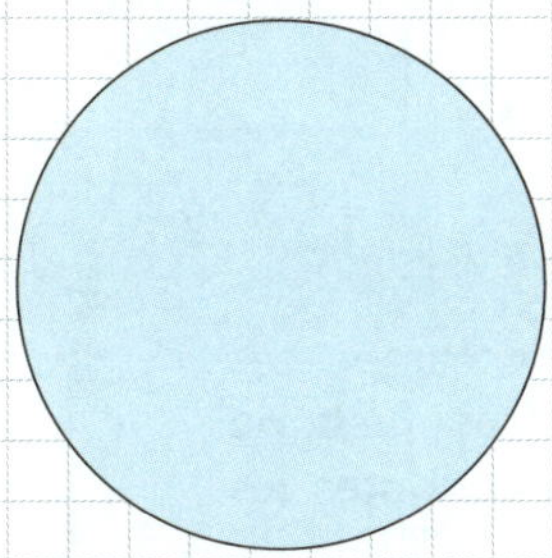

Mon camembert du temps souhaité

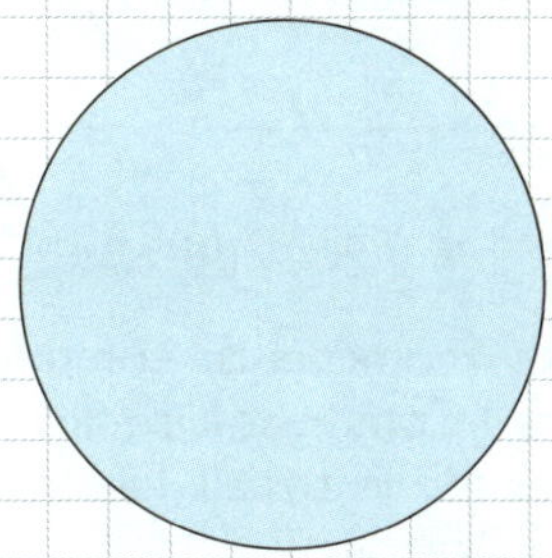

Soyez capable de faire moins !

La loi de Pareto

Pour optimiser notre gestion du temps il faudrait que 80 % des résultats soient produits par 20 % de nos actions. Quelles sont vos 20 % d'activités les plus efficaces ? Le reste est à éliminer.

La loi de Parkinson

Plus nous disposons de temps pour accomplir une tâche, plus nous allons mettre de temps à la mener à bien. Il est donc important de savoir évaluer combien de temps nous avons envie de dédier à une tâche précise pour optimiser au mieux notre temps !

Mon organisation zen

Le secret de votre réconciliation avec le temps est l'organisation. Voici un exemple de planning qui vous aidera à faire vos tâches à la maison. N'oubliez pas qu'il vaut mieux 5 minutes de quelque chose que rien du tout. Adoptez une politique des petits pas qui vous simplifiera l'organisation de la semaine.

	Lundi	Mardi	Mercredi	Jeudi	Vendredi	Samedi	Dimanche	À faire dans la semaine
Repas	Préparer la table du petit déjeuner							
Ménage hebdo-madaire	Salon							
Linge	Machine à laver : vêtements blancs							
Soins de beauté	Masque hydratant							
RV (enfants, médecin…)	Ortho-phoniste							
Loisirs sport								

1, 2, 3 : je prends du temps pour moi !

Sans ces moments-là, comment recharger ses batteries ? Comment faire face au stress de la vie quotidienne : le travail, les enfants et toutes les autres obligations ?

Je me repose

Cela signifie que vous arrêtez toutes vos activités ! Cela peut vouloir dire s'allonger sur le lit ou le canapé, méditer, profiter d'un bon bain. L'important c'est la passivité. Vous ne faites rien, vous êtes. Ce qui contrebalance positivement les exigences de notre vie moderne.

Je m'amuse

Ces moments-là apportent légèreté et ont pour objectif de recharger nos batteries. Cela correspond aux activités dans lesquelles vous prenez du plaisir : cuisiner, jardiner, faire du cheval, aller au cinéma, danser, faire du vélo, de la randonnée… Profitez de ces moments pendant la semaine, et surtout lors du week-end !

Je passe de bons moments avec les autres

Profitez de ces pauses pour vous connecter aux autres, développer les liens qui vous unissent… C'est une occasion privilégiée de partage avec votre famille, vos amis, votre compagnon, vos enfants…

9 astuces pour maîtriser son temps

1 Estimez le temps nécessaire à chaque tâche...
... avant d'entreprendre quoi que ce soit ! Décidez ensuite s'il est possible de la réaliser dans de bonnes conditions.

2 Prévoyez large.
Au temps nécessaire estimé, rajoutez de 5 à 10 minutes supplémentaires afin d'éviter le stress.

3 Laissez-vous du temps entre 2 tâches à accomplir.
Non seulement cela vous permettra de rattraper votre retard si vous en prenez, mais en plus vous bénéficierez d'un temps de récupération entre les deux pour souffler un peu.

4 Chaque jour, planifiez les tâches pour le lendemain.
N'oubliez surtout pas de notifier les moments de plaisir et de repos.

5 Faites bien la différence entre ce qui est urgent et ce qui est important.

6 Commencez par visualiser le programme de votre journée...
... et hiérarchisez les tâches en fonction de leur importance et de la dépense d'énergie. Commencez par les urgences absolues. En début de matinée, tentez de réaliser toutes les tâches qui demanderont plus d'efforts et d'investissement de votre part. Assez régulièrement, faites des pauses de 10 minutes. C'est le seul moyen pour continuer dans de bonnes conditions.

7 Identifiez bien toutes les activités chronophages.
En effet, nous ne nous rendons pas toujours compte des activités voleuses de temps (la consultation des courriels plusieurs fois par jour, l'écoute des messages téléphoniques...).

8 Préparez vos affaires la veille.
Pensez également à celles de votre famille : cela évitera du stress inutile. Cela vous donnera aussi la possibilité de renouer un peu avec la lenteur, le plaisir par exemple de passer un moment avec vos proches le matin, avant d'attaquer votre journée de travail.

9 Trouvez votre propre rythme.
C'est-à-dire la combinaison gagnante pour vous. Cette recette marie à la fois les activités propres au travail, mais aussi au repos, aux autres activités de la vie quotidienne. Idéalement, ce rythme vous permettrait de trouver un équilibre et le bon *tempo* en restant zen !

Mon rendez-vous de coaching

Le chapitre 4 vous a transformée en maître zen de la tête aux pieds ! Des changements concernant votre style de vie, votre communication avec les autres, ou encore la gestion de votre temps vous permettent de continuer votre chemin vers plus de sérénité.

Je note mes sensations

Qu'avez-vous compris à la lecture de ce chapitre ? ....
Qu'avez-vous ressenti ? ....
Quel enseignement en tirez-vous ? ....
....
....
Quel chemin avez-vous parcouru vers votre objectif zen ?
....
....
....
....
....

Je remplis mon tableau

À présent, vous avez l'occasion de faire le point sur ce que vous avez pu mettre en place et sur ce que vous avez envie de continuer pour l'avenir.

Mes actions zen	Degré de plaisir (0-10)	Actions à réaliser la semaine prochaine

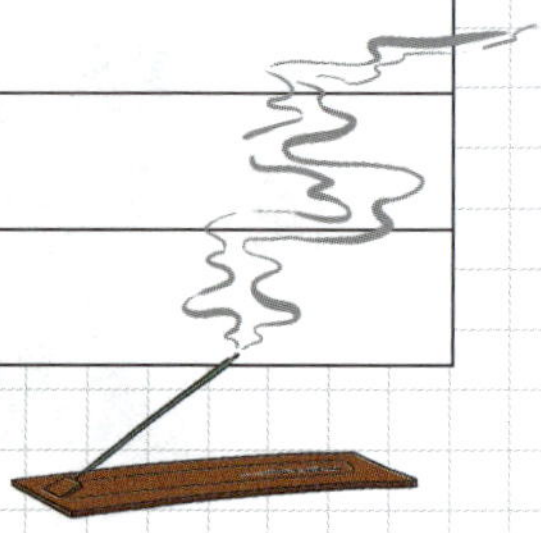

Et maintenant, au bilan !

Bilan final

Je mesure mon avancée

Test : Est-ce que je montre encore des réactions de stress après mon coaching zen ?

- Manifestez-vous encore des réactions physiologiques de stress (accélération du rythme cardiaque et de la respiration, transpiration, maux de ventre, de tête, de dos, etc.) ? ☐ Oui ☐ Non
- Manifestez-vous encore des réactions cognitives de stress (difficultés de concentration, oublis, indécision, pessimisme, désorganisation) ? ☐ Oui ☐ Non
- Manifestez-vous encore des réactions émotionnelles de stress (hypersensibilité, irritabilité, angoisse, agitation, tristesse, faible estime de soi) ? ☐ Oui ☐ Non
- Manifestez-vous encore des réactions comportementales de stress (grignotages, perte d'appétit, consommation de médicaments, d'alcool, de café, de tabac, repli sur soi, abus de télévision, ordinateur ou Smartphone) ? ☐ Oui ☐ Non
- Vous trouvez-vous encore très stressée après ce coaching zen ? ☐ Oui ☐ Non

Si vous avez répondu oui à certaines de ces questions, ne baissez pas les bras. La route vers le zen s'apprend tous les jours. L'important est de mettre en place des méthodes pour se sentir mieux et pour avancer petit à petit vers son objectif. Il faut du temps pour installer tous les réflexes zen conseillés dans ce cahier. Ne ressentez-vous pas déjà des bienfaits ?

Est-ce que je suis encore sensible à mes stresseurs ?

Évaluez aujourd'hui votre sensibilité aux facteurs qui vous stressaient avant de commencer ce coaching.

- **Vie pro :** 1 2 3 4 5

Quels changements avez-vous remarqués dans la gestion de votre vie professionnelle ?

....

• **Grandes occasions :** 1 2 3 4 5

Avez-vous vécu un grand moment de vie pendant la lecture de votre cahier Antistress ? Si oui, avez-vous su y réagir avec sérénité ?

....

• **Les autres :** 1 2 3 4 5

Vous sentez-vous plus sereine dans vos relations avec les autres ? Plus affirmée ?

....

Ai-je avancé vers mon objectif ?

- Mon objectif de départ :..
- Où en suis-je aujourd'hui sur le chemin vers mon objectif ? ....
- Qu'est-ce que j'ai réussi ? ....
- Qu'est-ce que je dois améliorer ? ....
- Ma motivation tient-elle le coup ? ....
- Est-ce que je mobilise tous les moyens à ma disposition pour atteindre mon objectif (volonté, outils zen p. 16, amis, etc.) ? ....
- Est-ce que je rencontre des obstacles ? Lesquels ai-je déjà rencontrés ? Les ai-je surmontés avec succès ? ....
- Qu'est-ce que j'ai compris sur mon stress ?...
- Qu'est-ce que j'ai compris de moi ?...
- Quelle leçon j'en retire ?...

Je poursuis ma route vers la sérénité !

Si vous avez bien avancé vers votre objectif zen, bravo ! Continuez à utiliser ce livre pour cultiver la sérénité et l'harmonie dans votre vie. Créez-vous d'autres défis zen à relever !

Si vous rencontrez quelques difficultés, ne baissez pas les bras ! Maintenez le cap quoi qu'il arrive. Plus vous vous dirigez vers le zen, plus la discipline zen vous aidera à persévérer ! Et pour un petit coup de pouce supplémentaire, les affirmations et le contrat d'engagement suivants sont là pour vous aider. Respirez, relaxez-vous. Visualisez-vous en maître zen. Vous vous y voyez ? Alors, c'est reparti !

Je maintiens le cap !

Je suis plus confiante avec mes affirmations zen

Tout au long de votre chemin vers plus de sérénité, vous serez confrontée à des situations moins agréables. Vous aurez parfois besoin de recadrer vos pensées et d'éloigner les « et si ceci » « et si cela ». Voici une liste d'affirmations qui pourront vous aider à être plus à l'aise et plus confiante, quoi qu'il arrive !

Ma liste d'affirmations zen

- Aujourd'hui, je sors de ma zone de confort !
- C'est une excellente opportunité pour moi d'apprivoiser ce type de situation.
- Faire face à cette situation est le meilleur moyen de dépasser mon stress et de devenir plus zen.
- Chaque fois que je choisis de faire face à cette situation, j'avance d'un pas supplémentaire vers la zénitude.
- En avançant aujourd'hui, je serai capable de faire ce que je veux demain.
- Il n'y a pas de bonne ou de mauvaise façon de faire. J'agis, et ce qui arrivera sera OK pour moi.
- Je sais qu'une fois cette chose faite, ça ira mieux.
- Quoi que je fasse, je ferai de mon mieux.

Je crée mes propres cartes zen

Vous avez peur d'oublier ces phrases encourageantes ? Pas de panique ! Vous pouvez créer des cartes avec ces affirmations positives. Coloriez-les, décorez-les, voire plastifiez-les pour les conserver le plus longtemps possible. Gardez-les dans votre sac, dans votre voiture ou dans votre bureau. Chaque fois que vous aurez besoin d'un coup de pouce ou d'une phrase bienveillante, lisez-les. Vous pouvez aussi choisir des proverbes ou des citations motivantes. N'oubliez pas que c'est la pratique qui rend les choses automatiques !

Par exemple :

TOUT CE QUE TU FAIS EST UNE OPPORTUNITÉ POUR DEVENIR MEILLEURE.

ÉCOUTE TON CORPS ET FAIS ATTENTION À CE QU'IL TE DIT.

RESPIRE 3 FOIS PROFONDÉMENT… ET DÉTENDS-TOI.

PRENDS SOIN DE TOI, À L'INTÉRIEUR COMME À L'EXTÉRIEUR.

RAPPELLE-TOI TES VALEURS.

Zen, toujours et encore !

Quatre chapitres, beaucoup d'exercices et bientôt un contrat d'engagement ! Vous avez terminé votre cahier Antistress. Félicitations ! Bravo ! C'est le bon moment pour compiler vos exercices préférés dans un planning d'actions pour prendre soin de vous toute l'année !

Mon planning d'actions zen

	Lundi	Mardi	Mercredi	Jeudi	Vendredi	Samedi	Dimanche
Mes actions antistress							

Mon contrat d'engagement

Complétez les clauses du contrat ci-dessous afin de vous engager officiellement envers vous-même à poursuivre votre programme zen à l'avenir.

Voici mon objectif :

Dans le cadre de cette nouvelle démarche pour vivre moins de stress,.........................(*mon nom*) m'engage à respecter ce contrat et le planning zen ci-dessus pour mon bien-être.

Le..., à..

Signature

Bibliographie

- P. Amar, S. André, *J'arrête de stresser*, Eyrolles, 2013
- E. Bourne, *Coping with anxiety*, New Harbinger Publications, 2003
- C. Cungi, *Savoir gérer son stress*, Retz, 2006
- R. Harris R., *Le Piège du bonheur*, Éditions de l'Homme, 2010
- G. Lethenet, *Mon cahier Yoga*, Solar, 2015
- D. Loreau, *L'Art de la simplicité*, Marabout, 2013
- M. McKay, M. Davis, E. Robbins Eshelman, P. Fanning, *The relaxation and Stress Reduction Workbook*, New Harbinger, 2008
- M. Seligman, *La Force de l'optimisme*, Pocket, 2012
- M. Seligman, *Vivre la psychologie positive*, Pocket, 2013

Carnet d'adresses

Pour se renseigner ou trouver un professionnel de la gestion du stress

L'association française de thérapie cognitive et comportementale :
www.aftcc.org
Le site J'arrête de stresser :
www.jarretedestresser.com
Le Centre d'études sur le stress humain :
stresshumain.ca
Des stages ou des conférences sur la parentalité, les émotions et les valeurs :
www.filliozat.net
act-therapie.com

Pour se renseigner ou pratiquer la méditation

Association pour le développement de la Mindfulness :
www.association-mindfulness.org
Le site francophone sur la Pleine Conscience en psychothérapie :
www.cps-emotions.be/mindfulness/materiel-mindfulness.php

Pour une retraite zen

Le village des pruniers : villagedespruniers.net

Pour pratiquer le yoga ou se remettre en forme de chez soi

Sur Youtube : Le yoga facile pour les nuls
Une coach à domicile à Paris : www.karine-hellebuyck-coach-sportif.com

Pour des ateliers, stages ou formations sur les mandalas et les hïkus

Syama mandala :
www.syamamandala.com
L'association francophone de haiku :
www.association-francophone-de-haiku.com

Remerciements

À Sarah qui chaque jour m'apprend à être meilleure.
À Claudia et Miguel pour leur relecture et leurs encouragements.
À Gwladys pour son soutien sans faille et ses remarques pertinentes.

LES BEAUTIFUL GIRLS, C'EST TOUTE UNE COMMUNAUTÉ !

Retrouvez plein de bonus, de conseils feel good, des recettes, des trainings, et des actus tendance **MADE BY MON CAHIER !**

Un lieu rien que pour vous :

http://mylifeisbeautiful.fr/

Une communauté de filles stylées :

VOUS DÉCHIREZ

mylifeisbeautiful.fr mylifeisbeautiful.fr

Direction : Jean-Louis-Hocq
Direction éditoriale : Suyapa Hammje
Directrice d'ouvrage : Nathalie Riché
Édition : Gwladys Greusard
Couverture : Stéphanie Brepson
Mise en page : Nord Compo
Fabrication : Céline Premel-Cabic

ISBN : 978-2-263-15189-7 – Code éditeur : S15189
Dépôt légal : août 2017
Imprimé en France par ime by estimprim

Solar | un département **place des éditeurs**

place des éditeurs

HarmonieSolar

harmonie_solar